L'AÉROFLÛTE

Aile de la Victoire

Plan d'organi... ...nautique

JO... ...AU

...d'Archimède, Ca...

HIER, AUJOURD'H...

Hier, c'était la défaite et...
Abattant l'audace a...
Alors de lâches voix...
Lui dictaient l'o...

Mais aujourd'hui...
Triomphant...
Icare enfin v...
Des ret... ...ndus.

S'il tom... ...rédempteur.
Dress... ...nateur,
En... ...atoire;

C... ...n de l'avenir,
...our souvenir,
...AILE DE LA VICTOIRE.

J. P.

_Cliché Braun et...

BERGER-L... ...RAIRES—ÉDITEURS
PA... NANCY
5-7, RUE DES... 18, RUE DES GLACIS, 18
...4

Prix : 1 franc

Deuxiè... ...x derniers progrès.
Quatr... ...al.

L'AÉROFLOTTE

Aile de la Victoire

Cliché Neurdein frères.

L'AÉROFLOTTE

Aile de la Victoire

Plan d'organisation aéronautique

PAR

JOSEPH PERREAU

Au-dessus d'Archimède, Carnot

Cliché Braun et Cie

HIER, AUJOURD'HUI, DEMAIN

Hier, c'était la défaite et la longue souffrance,
Abattant l'audace au cœur des vaincus.
Alors de lâches voix, insultant à la France,
Lui dictaient l'oubli de ses fils perdus.

Mais aujourd'hui, volant en sa fière assurance,
Triomphant rêveur de songes vécus,
Icare enfin vainqueur relève l'espérance
Des retours vengeurs longtemps attendus.

S'il tombe, au conquérant, martyr et rédempteur,
Dressons de la déesse au vol dominateur,
En hommage parlant, l'idole expiatoire;

Car le sang des héros, rançon de l'avenir,
Écrit notre devoir et veut pour souvenir,
Dans l'envol de demain, l'AILE DE LA VICTOIRE.

J. P.

BERGER-LEVRAULT, LIBRAIRES-ÉDITEURS

PARIS	NANCY
5-7, RUE DES BEAUX-ARTS, 5-7	18, RUE DES GLACIS, 18

1914

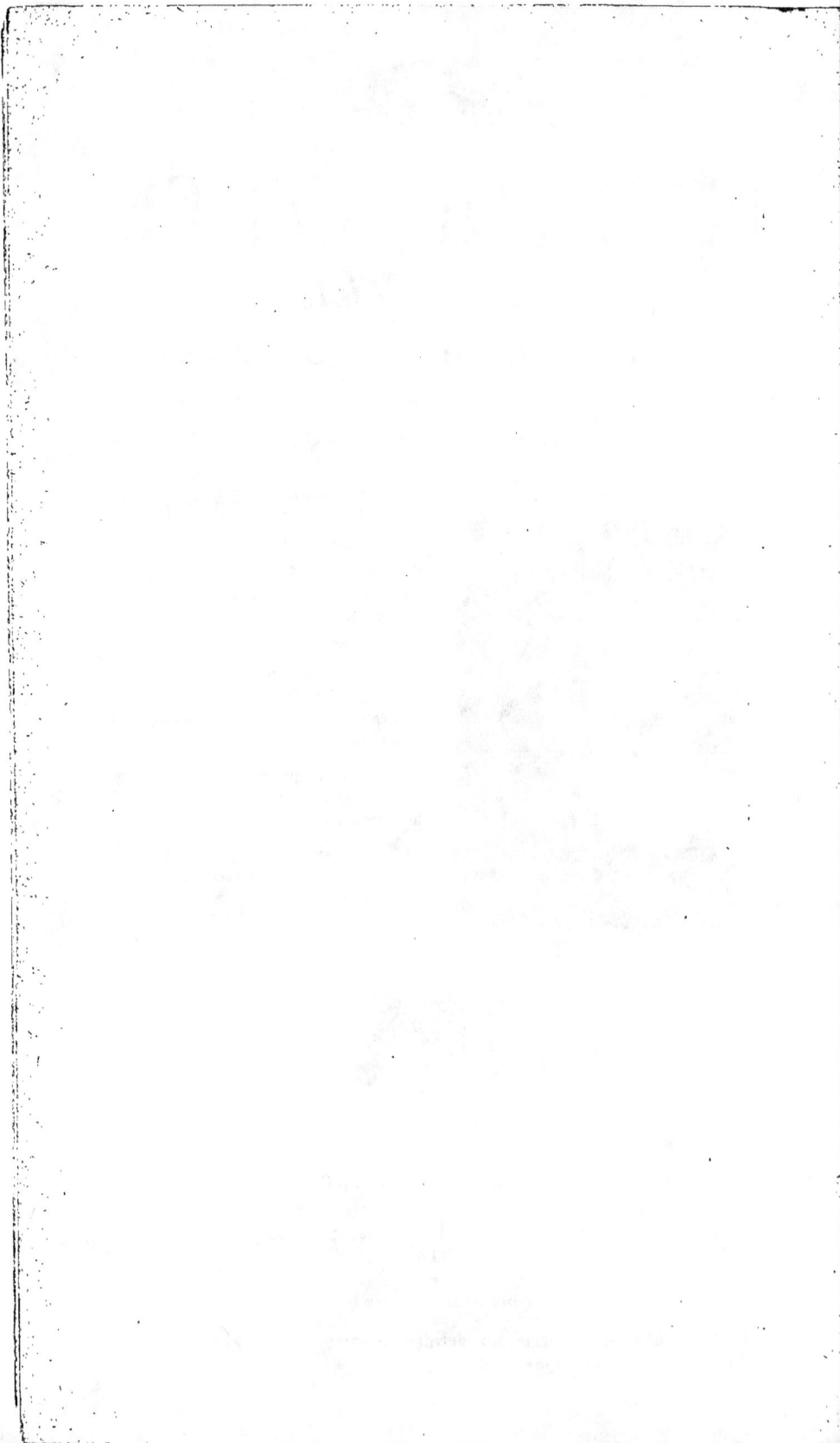

L'AÉROFLOTTE

Aile de la Victoire

PREMIÈRE PARTIE

———

L'ORGANISATION AÉRONAUTIQUE

———

I

L'aéronautique et la renaissance nationale.

Dès son apparition, l'aéronautique, et plus spécialement l'aviation, a excité l'intérêt de l'opinion
française. L'engouement traditionnel pour toute nouveauté a rapidement monté jusqu'au délire. Il est vrai
que, cette fois, l'enthousiasme paraissait justifié.

Devançant les timides conceptions des représentants
officiels de la science et du pouvoir, l'instinct populaire a salué dans l'aéronautique une ressource im-

prévue et indéfinie pour la puissance militaire du pays. Par le jeu mystérieux des incidences et des coïncidences, l'intuition nationale a marché de pair avec le réveil inattendu de 1911.

Depuis quarante ans, les Français faisaient dans le monde figure de vaincus. Moins d'un siècle après l'Epopée républicaine et impériale, les descendants des héros n'apparaissaient plus que comme les fils de la défaite. Conspirant avec l'arrogance étrangère, les sophismes des traîtres et les calculs des démagogues s'acharnaient à cultiver dans l'âme française la tare de la peur héréditaire.

Sous l'influence des souvenirs de 1870, il semblait que la guerre fût nécessairement synonyme d'invasion. Une appréciation plus saine, étayée par les exemples de 1912 et 1913 dans la péninsule des Balkans, a démontré que la guerre pouvait s'appeler aussi la victoire, la délivrance, la sécurité de l'avenir.

Mais déjà, par l'une de ces renaissances dont elle conserve le privilège, la France s'était redressée et avait redressé son gouvernement. Depuis la crise d'Agadir, les pouvoirs publics ont compris qu'il était de leur devoir et de leur intérêt de suivre dans la nouvelle voie l'attraction de l'initiative nationale.

Malheureusement, les résultats n'ont pas répondu aux espérances de l'opinion. Cette dernière s'irrite d'un piétinement qui, en compromettant l'avance primitive de la France, menace à la fois les intérêts d'une industrie bien française et un précieux appoint de la défense nationale.

Le problème aéronautique embrasse trois faces, dont chacune forme elle-même un problème subordonné : l'invention mécanique, la prouesse sportive et l'organisation pratique. Sans l'organisation, les deux premières conditions sont frappées de stérilité.

Qu'est-ce donc que l'organisation?

Mieux que les plus savantes abstractions, un exemple concret fournira la définition.

II

L'organisation : au-dessus d'Archimède, Carnot.

L'exemple s'emprunte aux manœuvres d'automne, comme celles qui se sont déroulées dans l'Ouest et le Sud-Ouest de la France en 1912 et 1913.

A un entr'acte de la manœuvre, les troupes ont rompu les rangs. Les fusils et les sacs sont en faisceaux, les canons dételés, les cavaliers pied à terre.

Quelques aéroplanes exécutent du travail individuel en décrivant des courbes dans l'atmosphère.

Dans le fourmillement des allées et venues individuelles, l'oreille perçoit un bourdonnement ininterrompu, que percent par instants les fusées des rires et des lazzis des troupiers. L'œil entremêle les pantalons rouges des fantassins, les tuniques bleu de ciel des hussards, les casques des dragons, les uniformes sombres de l'artillerie. S'agitant en tout sens, ces milliers de soldats évoquent un désordre pittoresque, mais enfin c'est le désordre.

Tout à coup, une sonnerie de clairon éclate. Elle est répétée et renforcée par d'autres clairons à l'unisson, soulignée par les tambours, transposée par les notes grêles des trompettes. Aussitôt le bourdonnement fait place au silence.

Les fantassins mettent sac au dos et rompent les faisceaux. Les cavaliers sautent en selle. Les artilleurs attellent leurs canons.

Engendrée de la macédoine changeante des couleurs, une marqueterie régulière et immobile inscrit ses cases sur le paillasson des chaumes et le vert piétiné des prairies. Le tableau figure un damier où s'ajustent dans leurs dispositifs de rassemblement les unités tactiques des trois armes de combat : bataillons d'infanterie, escadrons de cavalerie, batteries d'artillerie.

A côté de ces masses imposantes fait modeste figure une escadrille d'aéroplanes, presque une escouade. A la grande unité qui va rentrer en scène, division ou corps d'armée, était attaché un dirigeable ; mais le vent l'a empêché de sortir de son hangar.

Au pittoresque et bruyant chaos de naguère a succédé une symétrie géométrique et silencieuse, un agencement systématique et articulé : œuvre et image de l'organisation.

L'organisation est ce qui différencie une armée d'une foule. C'est la répartition des individualités en organes affectés chacun à une fonction précise et délimitée.

Comme la mécanique, à laquelle elle s'adresse pour son outillage et son armement, l'organisation militaire est le résultat combiné de l'observation, du jugement et de l'intuition. Comme la mécanique, elle relève de l'invention, mais ici cette faculté s'exerce plus difficilement en raison de facteurs impondérables d'ordre psychologique, géographique, politique.

Les étapes de l'organisation s'échelonnent à des distances de plusieurs siècles. Telles sont, par exemple, la phalange grecque et la légion romaine, la brigade de Gustave-Adolphe, la division et le corps d'armée de la Révolution Française et du premier Empire.

A côté de l'invention mécanique, l'organisation militaire met en œuvre la prouesse individuelle. Seule cette dernière est impuissante à procurer la victoire.

C'étaient des preux les chevaliers de Crécy, d'Azincourt ou de Granson. Et pourtant leur brillante valeur s'est effondrée sous les flèches des archers d'An-

gleterre ou les piques des fantassins d'Helvétie, parce
que les Anglais et les Suisses s'étaient soumis aux
règles de la discipline et de l'organisation.

C'est l'organisation militaire qui permet à la tactique de faire converger sur le but indiqué par le sabre
d'un officier les cinquante fusils d'une section, sur
l'objectif désigné par les ordres du général les deux
cents bataillons d'une armée. L'organisation fait
mieux qu'additionner les efforts individuels, elle les
multiplie.

On peut la symboliser par Carnot, l'organisateur de
la victoire, de même qu'Archimède personnifie l'invention mécanique et Roland la prouesse individuelle.
Dans l'intérêt de la patrie, il importe qu'Archimède
et Roland se rangent sous les ordres de Carnot.

La même condition s'impose au problème aéronautique : au-dessus d'Archimède, Carnot.

III

Insuffisance actuelle de l'organisation aéronautique.

Pour l'organisation militaire, le tableau des manœuvres, tel qu'il vient d'être esquissé, ne procure
qu'une définition incomplète et superficielle.

Incomplète, parce que, par simplification, ont été
éliminés les services et les accessoires tels que les
états-majors, les ambulances, les troupes d'administration et surtout le génie, qui prétend, par priorité
sur l'aéronautique, au titre de quatrième arme.

Superficielle, parce que l'ordre de bataille dessiné
sur le billard des manœuvres répond seulement au
plan d'un édifice en architecture.

Or, c'est encore en coupe et élévation que les différentes armes veulent être étudiées. Sous ce nouvel aspect, chacune d'elles se répartit en deux étages qu'étiquettent deux épithètes : tactique et technique.

C'est ainsi qu'au-dessous des brillants régiments affectés au service des bouches à feu en campagne ou dans les sièges, l'artillerie englobe un personnel technique aux spécialités variées. Tels sont, par exemple, les officiers de l'état-major particulier de l'arme, qui dirigent ou contrôlent la fabrication des fusils, des canons et des munitions. Tels sont encore les compagnies d'ouvriers des arsenaux et les armuriers détachés dans les régiments d'infanterie.

L'organisation navale sépare encore plus nettement la signification des deux étiquettes. Dans le compartiment tactique, commande le grand corps combattant des officiers de vaisseau. A l'étage au-dessous, fonctionnent techniquement les mécaniciens de la flotte, les ouvriers et les ingénieurs des arsenaux maritimes.

Préparation technique et utilisation tactique : tels sont les deux foyers, symétriques et conjugués, de toute figure intégrale d'organisation militaire ou navale. La même règle s'impose à l'organisation aéronautique.

Aussi bien, le problème aéronautique pénètre les deux domaines de l'armée et de la marine. Il les déborde même par ses corollaires : production industrielle, service postal, expansion coloniale et d'autres branches encore, reconnues ou à reconnaître, de l'activité nationale dans ses modalités modernes. Exemples à l'appui : transport de dépêches, réalisé ou en projet, de Paris à Royan et de Paris à Nice ; amorce d'une route aéronautique à travers le Sahara par l'initiative du général Bailloud quand il commandait le corps d'armée de l'Algérie.

Jusqu'ici et au témoignage de tous les esprits non

prévenus, l'organisation aéronautique n'existe qu'à l'état embryonnaire [1].

Sous le point de vue tactique, ses seuls organes sont, d'une part le *dirigeable,* unité gigantesque mais simple unité indécomposable, d'autre part l'*escadrille,* composée d'un certain nombre d'*avions* ou *aéroplanes,* avec un convoi auxiliaire de tracteurs automobiles, de remorques et de voitures-ateliers.

Dans la hiérarchie des groupements, l'escadrille est évidemment supérieure à l'escouade. On peut même l'assimiler à des unités de combat telles que la compagnie d'infanterie, l'escadron de cavalerie ou la bat-

---

[1] Le 20 novembre 1913, M. Émile Reymond, sénateur de la Loire, prononçait, dans le groupe sénatorial de l'aviation, la déclaration suivante :

« Depuis trois ans, on n'a rien fait, ni organisation, ni plan « d'ensemble, ni réalisations. Bientôt, les pilotes manqueront à nos « dirigeables. L'aviation souffre de la lutte constante entre le génie « et l'artillerie, qui cherchent à l'accaparer ; sa direction n'a aucune « liberté d'action : partout, des contrôles trop souvent incompétents « s'opposent aux initiatives et aux progrès. »

Dans l'*Écho de Paris* du 23 novembre, sous la signature du général Cherfils et le titre *Essai d'organisation de l'Avionnerie,* on lisait les passages ci-après :

« Les accidents mortels, qui viennent de jeter sur nous leur deuil « douloureux, et dont les causes sont la témérité ou le mauvais « entretien des appareils, soulignent la justesse de mon cri d'alarme « sur l'anarchie qui nous dévaste, mère de l'incurie et de la mort.

. . . .

« Le fonctionnement des chefs de groupe me paraît constituer uni- « quement un rouage bureaucratique inutile, destiné à augmenter le « frottement d'une machinerie anarchique. »

Auparavant, le 18 novembre, dans un article signé *Paul Rousseau, Le Temps* avait étudié le rapport Bénazet sur la création d'une direction de l'aéronautique militaire. Après avoir mentionné *le gâchis* de l'aéronautique, le journal continuait :

« Ainsi est avouée la situation plutôt difficile dans laquelle se « trouve actuellement notre aéronautique militaire en même temps « que s'affirme la nécessité d'une réorganisation prompte avec un « programme nettement défini et surtout avec le désir de supprimer « tous les rouages inutiles... et toutes les inutilités. »

terie d'artillerié. Mais l'esprit se refuse à concevoir une armée de 200.000 fantassins qui serait uniquement composée de compagnies ou même de bataillons, sans connaître les groupements supérieurs : régiments, divisions, corps d'armée.

Pendant les guerres de la Révolution, au commencement de l'année 1793, l'infanterie française totalisait un millier de bataillons recrutés à toutes les sources : soldats de l'armée royale, volontaires nationaux, étrangers amis de la Liberté, etc. L'armée menaçait de dégénérer en un chaos impossible à administrer et surtout à commander. A ce chaos la Convention Nationale remédia par les mesures d'organisation que symbolise le nom de Carnot.

Il est vrai que, par sa pauvreté, l'effectif des escadrilles en service est loin de constituer un embarras, mais cette pauvreté même est une faiblesse évidente.

Elle contraste avec l'exubérance des végétations techniques de l'organisation officielle.

Celle-ci a pour base la réglementation édictée par la loi du 29 mars 1912, les décrets des 22 et 24 août de la même année, les arrêtés ministériels d'avril et décembre 1913.

Cette réglementation a engendré le système actuel des ateliers, aérodromes, centres et groupes aéronautiques. Elle a organisé des escadrilles d'avions.

Le tout est placé sous la tutelle du génie, la quatrième arme régentant la cinquième, et sous l'autorité supérieure de l'inspecteur permanent de l'aéronautique militaire.

Brochant sur le tout, une direction de l'aéronautique au ministère de la guerre peut être déjà considérée comme en plein fonctionnement. Insuffisant palliatif.

Ce n'est pas dans ces tâtonnements que réside la solution d'une organisation intégrale de l'aéronau-

tique. Préalablement à la recherche de cette solution,
il importe d'examiner les divers éléments du problème.

IV

Les vocations militaires de l'aéronautique.

De la fonction technique relèvent les établissements
de construction de Chalais-Meudon, le laboratoire
d'aviation de Vincennes, les groupes d'aéronautique
constitués à Versailles, à Reims et à Dijon, les compagnies et les sections qui en dépendent, les aérodromes où se forment les pilotes militaires.

Nomenclature qui serait incomplète si l'on n'y
ajoutait pas les ateliers des grands constructeurs de
l'industrie civile.

Cette armature trouve sa comparaison chez les mécaniciens de la flotte ou à bord des bâtiments-écoles
de la marine, dans les ateliers de Bourges ou de Pu-
teaux pour l'artillerie, dans les compagnies de remonte pour la cavalerie, ou chez les armuriers et les
maîtres-ouvriers des régiments d'infanterie.

Dans la marine et dans l'armée, l'agencement technique n'est qu'un moyen. Le but, c'est la réalisation
tactique ou stratégique, selon l'amplitude du rayon
d'action et l'étendue du théâtre envisagé. C'est le
combat naval ou les croisières pour les escadres, la
charge ou l'exploration pour la cavalerie, le tir de
campagne ou de siège pour l'artillerie, le feu et l'assaut pour l'infanterie.

Et l'aéronautique, à quelle vocation militaire s'est-
elle vue appelée en France, jusques et y compris les
manœuvres d'armées en 1913?

— A l'observation, aux petites ou aux grandes dislances : détermination des points de chute pour le tir de l'artillerie, reconnaissance des emplacements et des mouvements de l'armée ennemie; maintien des relations entre les éléments de l'armée amie.

L'aéronautique a été assimilée à une cavalerie, amplifiée dans son rayon d'action mais réduite aux services de renseignement et de liaison.

Services importants, sans doute, mais sont-ce les seuls qu'il soit raisonnablement permis de demander à la cinquième arme? Avec la cavalerie de l'air, l'aéronautique ne peut-elle pas fournir aussi une artillerie de l'air, semant ses obus et ses torpilles sur les champs de bataille, les forteresses et les cuirassés? Quand la marine jette si lestement sur les plages ennemies ses compagnies et ses canons de débarquement, est-il chimérique d'espérer de la flotte aérienne le transport et le débarquement de combattants et de mitrailleuses?

V

Les instruments de l'aéronautique : le dirigeable et l'aéroplane.

Des trois faces du problème aéronautique, le plan étudié ici n'envisage que l'organisation pratique. Les deux autres conditions — prouesse sportive et invention mécanique — n'interviennent que par leurs résultats, acquis ou escomptés à brève échéance.

En particulier, sont formellement éliminés les débats scientifiques sur l'anatomie des appareils et des moteurs, sur les arcanes de la dynamique ou de la statique.

Tous ces détails sont affaire de spécialistes. Les lecteurs qui en seraient curieux ont à leur disposition une littérature déjà copieuse et qui s'accroît tous les jours.

Indispensable au constructeur, cette littérature est inutile à l'organisateur. Un homme du monde sait parfaitement se servir de sa montre sans en connaître le mécanisme, et quand la montre se dérange, le parti le plus sage est encore de recourir à l'horloger.

Envisagé sous un angle ainsi délimité, voici un résumé des éléments matériels de la question :

L'aéronautique emploie trois classes d'engins : le ballon sphérique, captif ou libre, le dirigeable, enfin l'aéroplane ou avion. Le dirigeable et l'aéroplane sont munis de moteurs à hélices. Ce sont les seules catégories qui intéressent l'art militaire dans ses modalités modernes.

Comme caractéristique principale, le dirigeable invoque sa puissance de transport, qui varie avec le volume de l'enveloppe. Les plus forts rendements ont été atteints par les Allemands avec des capacités de 27.000 mètres cubes de gaz.

Pratiquement, ce tonnage répond à un poids utile de 3.000 kilogrammes en dehors des appareils moteurs et du personnel d'équipage. Dans ce système, les aéronats — ou navires aériens — réalisent une vitesse moyenne de 80 kilomètres à l'heure. Ils peuvent tenir l'atmosphère pendant 30 heures consécutives. Leur rayon d'action se mesure par 500 kilomètres à partir de leur base avec retour d'égale distance à cette base, soit 1.000 kilomètres sans escale.

Ces modèles sont à armature rigide, avec enveloppe en aluminium. Ils sont armés de mitrailleuses. Ils traduisent dans le livre de l'atmosphère le rêve habituel des Allemands vers le colossal.

Les dirigeables français sont généralement de dimensions plus restreintes et du type souple. Il existe aussi des modèles semi-rigides. Tous les **dirigeables** nécessitent des hangars vastes comme des cathédrales. Des systèmes démontables ont été prévus pour la guerre et édifiés durant les grandes manœuvres.

Pour les aéroplanes, la France détient le record de la variété et de la puissance : monoplans et biplans, à une place, à deux et à trois places, pour ne parler que des modèles éprouvés pratiquement.

Voici les plus brillants résultats enregistrés par les aviateurs au 25 décembre 1913, date de la clôture du salon aéronautique de Paris :

Le record de la distance sans escale appartient à Augustin Seguin avec 1.042 kilomètres (Paris-Bordeaux) parcourus en 13 heures 5 minutes aller et retour. Pour la durée, Fourny a fourni une course supérieure, ayant volé sans arrêt pendant 13 heures 17 minutes 57 secondes sur un circuit fermé de 1.010 kilomètres 900.

Avec 203 kilomètres 850 en moyenne à l'heure, Prévost détient le record de la vitesse.

L'altitude la plus élevée a été atteinte à 5.880 mètres par Perreyon. Depuis, Perreyon s'est tué à l'aérodrome de Buc, dans une épreuve de réception d'un aéroplane, le 25 novembre 1913.

Les plus longues distances avec escales ont été couvertes :

Entre le lever et le coucher du soleil, par le Français Brindejonc des Moulinais avec 1.382 kilomètres :

En 24 heures, par l'Alsacien Stœffler avec 2.079 kilomètres.

Pour l'endurance, Helen a conquis le record le 29 novembre 1913, avec un total officiel de 16.138 kilomètres 880 au cours de 30 jours de vol.

Par suite des conditions spéciales de cette épreuve, Holen avait perdu le bénéfice d'un important effort préalable. En réalité, l'aviateur a volé pendant 39 jours sur le même monoplan et couvert 20.787 kilo-

Le 27 décembre 1913, le record de l'altitude a été conquis par Legagneux à 6.150 mètres.

mètres, plus de la moitié de la longueur du méridien terrestre.

La conquête des montagnes avait été tentée en 1910 par le Péruvien Géo Chavez. L'aviateur réussit à franchir les Alpes au-dessus du col du Simplon, mais il fit une chute mortelle en atterrissant à Domo-d'Ossola, à l'arrivée.

Janvier 1913 a vu coup sur coup le passage des Pyrénées et des Alpes. Le 24, l'aviateur suisse Bider passe de France en Espagne par-dessus le col de Somport (altitude : 2.046 mètres). Le 25 janvier, Bellovucic, Péruvien comme Chavez, mais plus heureux, survole le Simplon (2.005 mètres).

A la famille des aéroplanes se rattache l'hydravion ou hydro, organisé pour partir de la surface de l'eau et y terminer son vol. C'est le modèle spécial à la marine.

A noter que ce n'est pas sur un hydro, mais sur un simple aéroplane, que Garros a traversé la Méditerranée (760 kilomètres de Saint-Raphaël à Bizerte) le 23 septembre 1913.

VI

Bilan passif et actif du dirigeable.

Dans l'inévitable parallèle du dirigeable et de l'aéroplane, les auteurs assimilent volontiers le premier au cuirassé d'escadre, le second au torpilleur de haute mer. Ces comparaisons n'envisagent que des dimensions. Par ailleurs, elles aboutissent à de véritables contre-sens.

Avec le cuirassé, le dirigeable ne partage que deux propriétés actives : la capacité de transport et le rayon d'action. Quant aux autres qualités du cuirassé : invulnérabilité, bonne tenue dans l'élément de soutien, elles se changent en désavantages pour le dirigeable. Pour les Dreadgnouth de l'espace, les Zeppelin allemands, l'enveloppe d'aluminium et le sectionnement ne procurent qu'une protection illusoire. Comment résister aux attaques latérales ou dominantes d'une nuée d'aéroplanes armés de mitrailleuses ou munis de bombes?

Cuirassé si l'on veut, mais en baudruche.

Incapable de passer une nuit à la belle étoile, le dirigeable est condamné à des voyages en circuit bouclé, ouverts et fermés obligatoirement à son port d'attache, le hangar-cathédrale. Si des circonstances imprévues l'obligent à bivouaquer en plein air, le dirigeable est à la merci du vent, qui peut l'emporter en Irlande comme *La Patrie*. Parfois même, la tempête renverse le hangar, comme au Japon sur un *Parseval* d'importation allemande.

Enfin, même avec le hangar, et le hangar résistant, le dirigeable ne peut pas sortir si le vent atteint une vitesse de 10 mètres à la seconde. Aux grandes manœuvres de l'Ouest en 1912, cet engin n'a pu servir que 3 jours sur 9.

Les aéroplanes ont pris l'atmosphère 7 jours. Ils n'ont fait défaut que 2 jours, à cause du brouillard.

Le dirigeable s'obstine-t-il à sortir contre vents et marées? Alors, les manœuvres de départ et de retour au hangar créent un risque d'avaries souvent mortelles.

Enfin, parmi les causes de destruction figurent les coups de vent, les incendies et les explosions, auxquels ont succombé tant de dirigeables allemands.

L'année 1913 a été particulièrement cruelle pour les Zeppelin. Le 9 septembre, dans les manœuvres navales de la Mer du Nord, près de l'île d'Héligoland, le Zeppelin L 1 se brise sous son propre poids et sombre dans les flots avec son équipage. Dans ce naufrage 14 hommes périrent.

Sur terre, dans les manœuvres impériales de Silésie, un Zeppelin a été tellement endommagé qu'il a dû subir une réfection totale.

Enfin le 17 octobre 1913, la veille des fêtes organisées pour célébrer le centenaire de la bataille de Leipzig, l'explosion d'un nouveau dirigeable retentissait au milieu des fanfares comme un glas et un avertissement.

Le Zeppelin de la marine L 2 procédait à des essais de réception près de Berlin quand il s'enflamma spontanément dans l'air. A bord se trouvaient 28 personnes, parmi lesquelles la commission de réception, c'est-à-dire l'état-major aéronautique de l'Allemagne. Toutes ont péri dans la catastrophe.

En dernière analyse, ce n'est pas aux cuirassés qu'il convient d'assimiler les dirigeables, mais au *Great Eastern* et au *Titanic*, de funambulesque ou funèbre mémoire, à ces paquebots monstres et peu marins, rivés aux rares ports susceptibles d'abriter leurs carènes démesurées.

Avec le cuirassé pourtant, le dirigeable partage deux privilèges peu enviables. Ce sont les dimensions de la cible proposée aux coups ennemis et la concentration des risques pour la puissance amie. C'est M. Emile Bertin, une des lumières du corps du génie maritime, qui a écrit :

« Le conseil, dicté par la sagesse des nations, de ne « pas mettre trop d'œufs dans un même panier, prend « plus de force quand le fond de ce panier est plus « menacé. »

En regard des charges passives, les propriétés actives du dirigeable consistent d'abord, comme il a été dit, dans le rayon d'action et la capacité de transport. Ce dernier avantage en entraîne d'autres pour l'installation de la télégraphie sans fil, pour l'emploi de poids massifs de substances explosives.

Plus léger que l'air, le dirigeable se soutient dans l'atmosphère sans l'intervention du mouvement. A la différence de l'aéroplane, il peut impunément perdre toute vitesse et continuer pourtant à flotter, de jour ou de nuit, en réglant son altitude à volonté.

Immobile et silencieux, le dirigeable procure toute commodité et toute tranquillité pour opérer les observations et les destructions.

VII

Le bilan de l'aéroplane.

Quelles sont, par comparaison avec le dirigeable, les charges passives et les propriétés actives de l'aéroplane ?

L'infériorité de l'avion réside surtout en ce qu'il ne peut être silencieux ni fixe.

Le ronflement du moteur a l'inconvénient de dénoncer l'approche de l'aéroplane. De plus, il empêche toute conversation de service entre le pilote et ses passagers.

Le défaut de fixité est pratiquement moins grave qu'il ne paraît. Comme les observations militaires ne peuvent s'effectuer en sécurité qu'à plus de 1.200 mètres au-dessus du sol ennemi, la vitesse à ces hauteurs paraît à peine sensible. Elle n'est qu'une gêne insignifiante pour un observateur exercé.

Pour le silence, la solution existe déjà, au moins approximative. Les constructeurs ont commencé à adapter aux aéroplanes des silencieux assez imparfaits. Il appartient à l'administration militaire de stimuler les inventeurs et de provoquer les perfectionnements.

Quant à la fixité, des techniciens l'ont recherchée avec l'hélicoptère et le vol en spirale. Ici encore, la solution peut jaillir d'un instant à l'autre. Le regretté et génial Nieuport semble l'avoir approchée de très près.

D'autre part, on ne peut passer sous silence les empêchements dirimants que le brouillard ou l'obscurité opposent à l'action des aéroplanes. La raison de cette dépendance réside dans l'éventualité d'une panne du moteur avec l'obligation forcée d'atterrir en vol plané. Or, dans quel sens le pilote manœuvrera-t-il son appareil s'il ne peut ni voir ni choisir son aire d'atterrissage?

Encore, par une belle témérité qui trouverait en temps de guerre une large absolution, Aubrun et ses imitateurs ont-ils déjà risqué de nombreux vols de nuit.

A l'actif de l'aéroplane :

Cet appareil vole par tous les temps, ou peu s'en faut. Sa vitesse est supérieure à celle des meilleurs dirigeables.

Il atteint sans effort des altitudes prédominantes.

Une autre supériorité de l'aéroplane résulte de la modicité de son prix de revient.

Le programme projeté ici ne peut se réaliser que dans l'avenir, en 1916, par exemple. A cette époque, par l'évolution naturelle des industries en croissance, le taux de revient des engins aéronautiques aura éprouvé une réduction. Toutefois, même sous cet escompte, on ne peut guère évaluer, en 1916, à moins d'un million de francs le prix d'un dirigeable de fort tonnage avec sa quote-part des frais généraux : hangars, ateliers, usines à hydrogène, etc.

A la même date, l'avion de guerre avec les accessoires ne dépassera guère 20.000 francs. Le même effort budgétaire aboutira donc indifféremment à un seul dirigeable ou à 50 aéroplanes.

Certains calculs aboutissent même à une équivalence pécuniaire de 120 aéroplanes pour un seul dirigeable.

Que, par suite d'événements de guerre, 50 aéroplanes disparaissent avec leur personnel, la perte pécuniaire ne dépassera pas celle d'un seul dirigeable. Quant à l'effet moral, il sera infiniment moindre.

Sacrifiés sur des points et à des instants éloignés les uns des autres, 100 hommes, pilotes ou passagers des aéroplanes, ne produiront pas l'impression d'un désastre national comparable à la catastrophe allemande du 17 octobre avec ses 28 victimes.

VIII

Un programme provisoire.

La considération, capitale pourtant, du facteur moral reste étrangère à certains partisans irréductibles du type dirigeable.

Ils s'appuient sur la statistique et énoncent le résultat suivant :

Si l'on prend pour unité la probabilité d'accident par aviateur et par kilomètre pour un dirigeable, français ou allemand, cette même probabilité s'élève à 1,3 pour un aéroplane biplan et à 1,7 pour un monoplan.

Conclusion : aux avantages de fixité, de capacité de transport, etc., le dirigeable ajoute, par comparaison à l'aéroplane, la sécurité.

Bref, le dirigeable possède toutes les qualités, comme jadis la jument de Roland. Celle-ci n'avait qu'un défaut : c'était d'être morte.

Il en sera de même pour tout dirigeable dans une région déterminée, pour peu que, dans cette région, évoluent librement 10 aéroplanes ennemis. La suite de la présente étude le prouve surabondamment.

Toujours l'éternelle opposition de la monoculture scientifique aux réalités les plus aveuglantes.

Pratiquement, dans l'ordre des propriétés actives du dirigeable, l'écart se réduit de jour en jour entre lui et l'aéroplane.

Déjà, avec Seguin et Fourny, le rayon d'action a dépassé 1.000 kilomètres, battant le dirigeable sur son propre terrain. Quant à la sécurité en aéroplane, elle s'améliore par deux moyens : la stabilité des appareils ; le perfectionnement des méthodes de pilotage comme celle qui permet à Pégoud et à ses imitateurs de redresser un avion culbuté par la maladresse ou par la tempête.

D'ailleurs, pour l'aéronautique militaire, la sécurité n'est qu'un moyen.

Pour deux belligérants en présence, le premier objectif sera la conquête de l'air avec toutes ses conséquences. Or, l'instrument de la maîtrise de l'air est l'aéroplane.

Construisons donc d'abord les aéroplanes en nombre suffisant et nous pourrons nous occuper ensuite des dirigeables.

Ce serait donc une erreur, pour le gouvernement français, que de s'embarquer dans un programme de dirigeables financièrement trop chargé.

Pourtant, des raisons importantes conseillent encore de ne pas éliminer totalement et prématurément cette catégorie d'engins.

La fixité et le silence sont des propriétés acquises, d'ores et déjà, pour les dirigeables, et ce sont des avantages positifs. Il y aura donc encore intérêt à mettre des dirigeables à la disposition des états-majors. Ces appareils offriront aux généraux des observatoires d'autant plus appréciés qu'ils permettront aux grands chefs de contempler la scène et les troupes de haut, au propre et au figuré.

Enfin, un instinct spécial aux tacticiens les avertit de toujours se ménager une réserve pour les cas imprévus. Dans une expérience aussi neuve et encore aussi flottante que l'aéronautique militaire, telle application inattendue peut surgir où l'absence des dirigeables serait cruellement ressentie.

En définitive et normalement, la flotte aérienne, organe d'observation, de combat et de transport, ne se composera que d'aéroplanes.

En quel nombre ces unités entreront-elles dans la composition de la flotte?

La suite de cette étude procure la réponse :

1.000 aéroplanes avec 2.500 pilotes, tels sont les chiffres nécessaires et suffisants pour que la France détienne sans conteste l'empire des airs.

IX

Trois catégories d'aéroplanes.

Quels sont les modèles qui se partageront les 1.000 avions de la flotte aérienne ?

— Pour le plus fort effectif, un échantillon normal, répondant aux qualités courantes de vitesse, de manœuvre, de solidité. Ce sera l'avion de combat à l'indice 3. Il offrira pour condition spéciale et essentielle d'être aménagé pour recevoir trois personnes et enlever un poids utile de 300 kilogrammes, non compris les approvisionnements consommables et nécessaires au parcours, comme l'essence et l'huile. Le rayon d'action atteindra 300 kilomètres.

En action, l'avion de combat aura toujours au moins deux personnes à son bord, la troisième pouvant être remplacée par un poids équivalent : une mitrailleuse ou des projectiles, par exemple.

Des deux personnes à bord, l'une sera nécessairement le pilote, d'une aptitude professionnelle moyenne. Le pilote n'aura qu'une mission, à laquelle il se consacrera en entier : diriger son appareil.

Quant au passager ou aux passagers (singulier ou pluriel) ils pourront être, soit un officier observateur, soit un bombardier pour le jet des projectiles, soit un mitrailleur pour le tir d'une mitrailleuse, soit un groupe de deux combattants transportés par la voie des airs sur un champ de bataille lointain.

Dans cette conception, l'échantillon normal sacrifie à la capacité de transport et à la commodité de manœuvre les grandes ambitions de vitesse et d'altitude. C'est le bon cheval de troupe, rustique et résistant. C'est la monture du cavalier de rang, mais ce n'est pas le cheval de tête réservé aux fins écuyers. Ce n'est pas le généreux pur-sang, capable d'efforts merveilleux, mais délicat à entretenir et à monter.

Dans la cavalerie aérienne, le cheval de tête et le fin écuyer seront les appareils et les virtuoses qui rebroussent la tempête, qui atteignent ou dépassent 6.000 mètres d'altitude.

L'avion de choix sera-t-il un biplan ou un monoplan? Le pilote d'élite se renfermera-t-il dans sa spécialité professionnelle ou cumulera-t-il avec elle un rôle d'observateur ou de combattant?

Ici, la valeur propre de l'outil et de l'ouvrier dépasse toute réglementation.

Au contraire, voici, au bas de l'échelle des dimensions et des puissances, une série de modestes monoplans : après l'aigle, l'alouette. Aussitôt sa mission remplie, l'oiseau replie ses ailes et se loge dans un fourgon. Il suit docilement sur tous les terrains l'échelon auquel il est attaché : un régiment de cavalerie, une batterie d'artillerie, un état-major subordonné (division ou détachement mixte), une ambulance.

Dans cette catégorie, le pilote cumule sa spécialité avec un rôle militaire. C'est un officier en reconnaissance, ou un observateur d'artillerie, ou encore, suivant l'exemple innové aux manœuvres de 1912, un médecin-major explorant le champ de bataille pour dénicher et panser les blessés.

DEUXIÈME PARTIE

UNE SOLUTION DU PROBLÈME
L'AÉROFLOTTE

I

La légion et la flottille.

Pour l'aéronautique française, la réglementation de 1913 n'est qu'une ébauche. De l'aveu des juges les plus indulgents, elle manque de simplicité et de souplesse. Cette ébauche, il est nécessaire de la perfectionner, mais aussi de la sectionner.

Dans le plan d'une organisation méthodique et complète, l'inspecteur ou le directeur de l'aéronautique apparaît comme le préfet maritime dans un port de guerre.

Dans la marine, la compétence propre du préfet maritime embrasse les arsenaux où se construisent et se réparent les bateaux et les machines. Elle s'étend sur les écoles où se forment mécaniciens et pilotes. La fonction du préfet maritime est de surveiller l'armement des navires et l'instruction des équipages, puis de mettre matériel et personnel à la disposition de l'amiral commandant à la mer.

Ici se place le trait de lime suivant lequel l'organisation de 1913 doit être sectionnée. Quant aux éléments libérés par l'amputation, ils seront assemblés de nouveau pour réaliser *l'aéroflotte,* c'est-à-dire la flotte aérienne spécialement agencée et articulée pour les vocations d'application et de combat.

A Carthage, comme le rappelle Flaubert dans *Salammbô,* Amilcar, père d'Annibal, s'intitulait suffète de la mer. A la tête de la flotte aérienne de combat, le stratège nécessaire est un *amiral de l'air*, un *aéramiral.*

Tandis que l'inspecteur permanent, émule du préfet maritime de Toulon ou de Brest, reste rivé à ses ateliers et à ses aérodromes, l'aéramiral reçoit pour domaine les profondeurs illimitées de l'atmosphère. Ainsi l'amiral commandant les escadres de la Méditerranée ou de l'Atlantique possède la haute mer pour champ naturel de ses évolutions. C'est l'organisation idéale et la préparation méthodique de la guerre aérienne qui forment le thème, l'intérêt et l'originalité propre de *L'Aéroflotte, aile de la Victoire.*

L'aéroflotte se divisera en deux branches : la *légion* et la *flottille.* Cette séparation repose en principe sur la classification des avions ou aéroplanes. C'est ainsi que, dans la cavalerie, les trois subdivisions de l'arme — cuirassiers, dragons, cavalerie légère — sont fonction des différences de taille et de force des races chevalines.

Pour la légion, la monture normale sera l'aéroplane de la catégorie moyenne. C'est l'avion de combat à l'indice 3, tel qu'il a été défini par ses caractéristiques : 3 places, transport utile de 300 kilogrammes, rayon d'action de 300 kilomètres.

L'organisation prévue ici repose sur un postulat : les résultats escomptés au printemps de 1914, moyennant la fécondité d'invention et l'énergie créatrice que commandent l'urgence et le danger de la Patrie.

Pour répondre au scepticisme et écarter le découragement, il ne faut pas oublier qu'hier encore le problème de l'aviation apparaissait aux meilleurs esprits comme une pure utopie. Les imperfections de détail constatées en 1913 ne doivent donc pas faire échec au programme dessiné pour 1914. Dans le cas particulier du triplace de combat, il suffit aux pouvoirs publics, talonnés au besoin par l'opinion, de provoquer la concurrence entre les constructeurs pour obtenir à bref délai un type d'appareil irréprochable.

Ce type moyen s'encadre entre deux autres modèles : au-dessus, l'avion de tête, monture des virtuoses de l'atmosphère; au-dessous, la catégorie rudimentaire des monoplaces, auxiliaires inséparables de l'artillerie, de la cavalerie, des états-majors à exploration réduite, des ambulances et formations sanitaires.

La dernière catégorie restera attachée à ses affectations spéciales. Elle ne figurera pas sur les contrôles de l'aéroflotte. Quant à l'avion de tête avec ses multiples modalités, c'est lui qui caractérise le second compartiment, la flottille.

II

La hiérarchie et l'uniforme.

Après le matériel volant, le personnel appelé à l'utiliser. Ici, la hiérarchie s'inspirera, pour les emplois subalternes et pour les grades d'officiers, des exemples de l'organisation navale.

Dans la marine, la répartition des matelots et des cadres inférieurs repose sur le principe de la division du travail. Ce principe a donné naissance à des spécialités nombreuses : matelots de pont, timoniers, fusiliers, canonniers, mécaniciens.....

Chez les mécaniciens, la hiérarchie comprend aussi des officiers, mais ceux-ci constituent un cadre technique, distinct du grand corps des officiers de vaisseau.

Au sein du grand corps, la spécialisation disparaît. Il ne subsiste plus qu'une seule filière. Celle-ci commence à l'aspirant de marine et conduit jusqu'au vice-amiral et même, théoriquement au moins, jusqu'à l'amiral, cet équivalent du maréchal de France.

Pour revenir à l'aéroflotte, les effectifs-troupe s'y répartiront entre deux grandes spécialités : le corps technique des pilotes, puis les passagers. Ces derniers seront ou des combattants ou des observateurs.

Les observateurs seront ordinairement des officiers de l'armée, service d'état-major, mais leur qualité ne leur ouvrira pas, de droit, l'accès du corps volant. Ils n'en acquerront les prérogatives que s'ils justifient de leur capacité par le brevet de pilote.

D'autre part, le brevet de pilote entraînera nécessairement un grade militaire. En d'autres termes, le corps technique des pilotes ne comprendra que des gradés.

Dans l'aéroflotte, ce n'est pas de la marine que s'inspirera la nomenclature des grades pour le personnel volant. Par des motifs de simplification et d'habitude générale, les appellations seront, en principe, empruntées à l'armée de terre et, plus explicitement, à l'infanterie. Elles se spécialiseront par le préfixe *aéro*, avec élision de l'*o* devant une voyelle.

C'est ainsi qu'aux échelons inférieurs de la hiérarchie, les pilotes porteront, avec les galons correspondants, les titres d'*aérocaporal, aérosergent, aérosergent-major, aéradjudant, aéradjudant-chef.*

Par comparaison avec l'armée de terre, la proportion ordinaire des emplois de sous-officier sera majorée et améliorée, en vue de stimuler l'émulation.

Comme la plupart des pilotes-troupe seront des engagés volontaires ou des rengagés, il y aura lieu de leur réserver des emplois civils à l'expiration de leur service militaire. Pour ces emplois, les pilotes devront être mieux garantis que ne sont les sous-officiers de l'armée contre le mauvais vouloir des administrations.

Les primes et les hautes-payes correspondant aux différents grades leur seront appliquées selon les tarifs les plus élevés. Enfin, le gouvernement continuera à disposer d'un large crédit de croix et de médailles en faveur de l'aéronautique.

Quant aux combattants appelés à embarquer à bord des avions comme passagers, leurs cadres inférieurs continueront à porter les galons et les titres habituels de caporal, sergent, etc.

Par prolongement des principes de l'organisation navale, la spécialisation disparaîtra dans la hiérarchie des officiers de l'aéroflotte, chaque officier étant indifféremment habile à commander aux pilotes et aux combattants. Pour les officiers, le brevet de pilote sera obligatoire.

La nomenclature des grades s'inspirera de l'armée de terre jusqu'à colonel inclusivement et de la marine pour les officiers généraux : *aéro-sous-lieutenant, aérolieutenant, aérocapitaine, aérocommandant, aérosous-colonel, aérocolonel, contre-aéramiral, vice-aéramiral.* Dans les services auxiliaires figureront des *aéromédecins.*

3

Le corps volant des officiers de l'aéroflotte se recrutera : 1° par avancement, parmi les pilotes pourvus de galons de sous-officiers; 2° chez les officiers de l'armée, par mutation. C'est ainsi que, dans la gendarmerie, les officiers procèdent d'une double filière : les sous-officiers de l'arme et les officiers venus des régiments avec leur grade.

A l'aéroflotte la première origine fournira plutôt des techniciens et la seconde des tacticiens. Il incombera aux lois et règlements de préciser le minimum de capacité tactique ou d'habileté technique à satisfaire par l'une ou l'autre des deux sources de recrutement des officiers.

Enfin, tout le personnel revêtira un uniforme spécial, inspiré des équipages de la marine nationale. Par exemple, le col bleu à filets blancs des matelots pourrait se changer en un col blanc à filets bleus.

L'aéroflotte affirmera ainsi par un signe visible sa consécration à l'air, l'élément fluide, et son émancipation du génie et de la terre, support et matière propre de la quatrième arme.

III

Organisation de la légion : escadrilles et cohortes.

Il convient d'étudier successivement les deux subdivisions de l'aéroflotte : la légion et la flottille.

Pour la légion, l'unité fondamentale existe déjà en France. C'est l'*escadrille,* avec ses deux échelons de l'air et de la terre : matériel et personnel des avions et des pilotes; parc auxiliaire des véhicules, tracteurs automobiles et remorques, voitures-ateliers, etc.

Dans l'organisation nouvelle, l'escadrille sera conservée, mais en même temps uniformisée et renforcée, de manière à mieux proportionner les développements respectifs de l'échelon volant et du parc, à supprimer des rouages coûteux ou à les empêcher de tourner dans le vide.

Il reste entendu que les avions de la légion sont, par définition, du type moyen à l'indice 3 : 3 places, 300 kilogrammes, 300 kilomètres. Leur nombre par escadrille sera arrêté à un chiffre que l'expérience achèvera de préciser, mais qui peut être provisoirement fixé à 12.

Chaque appareil sera conduit par son pilote, aérocaporal ou sous-officier.

A leur tour, les escadrilles seront groupées par quatre pour constituer une *cohorte*.

La cohorte totalise donc au premier échelon 48 avions de combat et autant de pilotes-troupe. En réserve au parc figurent un certain nombre d'avions de rechange et de pilotes de relève.

Dans la légion, qui embrasse les cohortes et les escadrilles, tous les officiers montent des avions de tête. Bien qu'ils soient, d'obligation, brevetés pilotes, chacun d'eux utilise un pilote-troupe pour son appareil, de manière à se vouer personnellement et complètement au rôle tactique de sa mission.

L'instrument de cette mission tactique sera procuré par les passagers combattants avec leurs armes et leurs engins de combat.

Comme tous les passagers admis à bord de l'aéroflotte, les combattants auront à justifier d'un minimum d'aptitude technique à la conduite des appareils volants. Ils devront être en mesure de continuer le vol ou d'atterrir au cas où le pilote viendrait à être blessé.

En prévision de cette éventualité, les avions de combat seront organisés pour mettre des commandes de secours à portée de la main des passagers.

Au point de vue tactique, tous les combattants d'une cohorte seront exercés dans la double spécialité de fusiliers et de bombardiers. En plus de cette commune aptitude, une partie de l'effectif sera formée au service des mitrailleuses, et le reste aux fonctions de sapeurs-mineurs.

Le recrutement s'effectuera par prélèvement volontaire sur les corps de l'armée — infanterie, artillerie, génie — parmi les gradés et les soldats déjà militairement instruits dans le service de leur arme.

Les combattants seront armés du fusil automatique le plus perfectionné. Les pilotes recevront le mousqueton d'artillerie pour leur défense personnelle et celle de leur appareil à terre.

Dans chaque cohorte, au parc de deux des quatre escadrilles figurent 4 mitrailleuses, soit 8 au total. Ces engins sont transportés, avec les munitions, dans un fourgon automobile. Par le même moyen, la cohorte dispose d'un outillage de mine et d'un approvisionnement d'explosifs : pétards et cartouches de mélinite, appareils de mise de feu, etc.

Dans la légion, les combattants, agissant comme fusiliers, mitrailleurs ou sapeurs-mineurs, sont destinés à servir à terre. A leur égard, les aéroplanes ne jouent que le rôle de véhicules. Seuls les bombardiers lancent leurs engins du haut des avions en plein vol.

Les bombes, instruments du combat aérien, seront des projectiles explosibles. La composition de l'explosif, son amorçage, son régime fusant ou percutant, seront déterminés d'après les résultats à réaliser. Les conditions correspondantes seront imposées aux spécialistes de la pyrotechnie.

Un caractère généralisé de ces conditions sera la prépondérance en poids de l'explosif sur l'enveloppe et un maximum restreint pour l'ensemble de la bombe : 2 kilogrammes par exemple. Des modèles plus lourds seront mis à l'étude pour effondrer des toitures blindées. D'autres types auront pour effet spécial d'agir contre les troupes. Des dégagements de fumées serviront à masquer les avions ou à faciliter le réglage du tir.

Aux bombes se rattachent les fusées incendiaires, dont des modèles très étudiés ont été déjà présentés par des inventeurs.

Une autre variété de projectile a été imaginée par Ader, l'un des précurseurs de l'organisation aéronautique. C'est la *flèche aérienne,* décrite par Ader dans son ouvrage *L'Aviation militaire* [1].

Elle se compose d'une tige d'acier, aiguisée en pointe à une extrémité et élargie, à l'autre extrémité, en deux ailettes d'hélice. Cette forme a pour objet d'imprimer à la flèche un mouvement de rotation pendant la chute et de maintenir la pointe tournée vers le sol. La flèche d'Ader est décrite en deux modèles, du poids d'un et de huit grammes. Elle est destinée à agir contre les troupes.

Dans un avion équipé en mitrailleur ou en bombardier, le pilote sera accompagné d'un seul combattant. Soit deux personnes, au lieu de trois que l'appareil de combat est capable d'enlever.

L'excès de force disponible sera utilisé pour le transport des mitrailleuses et de leurs munitions ou pour le service des bombes. De celles-ci l'avion de combat emportera généralement 50, à raison d'une disponibilité de 100 kilogrammes de poids utile, les 200 autres étant absorbés par le combattant et le pilote avec leurs munitions et leur équipement personnel.

L'ensemble de l'escadrille, matériel et personnel, pilotes et combattants, constitue une unité administra-

[1] Paris et Nancy, Berger-Levrault éditeurs.

tive et tactique analogue à la compagnie d'infanterie, ou plutôt à l'escadron de cavalerie et à la batterie d'artillerie de campagne. L'unité a pour chef un aéro-capitaine. Celui-ci est secondé par deux officiers, aérolieutenants ou sous-lieutenants, par des sous-officiers et des caporaux du cadre combattant.

Les quatre escadrilles de la cohorte forment un corps de troupe au même titre qu'un bataillon de chasseurs à pied ou un régiment de cavalerie. Le corps est commandé par un aérocolonel. Il est doté d'un état-major comprenant, par exemple, un aéro-médecin.

Aux parcs de la cohorte et des escadrilles figurent, à côté d'avions et autres rechanges, des officiers et du personnel pour la relève.

Tant pour l'échelon volant que pour le parc, les tableaux de la cohorte, en matériel et en effectif, se résument par :

    82 avions,
     8 mitrailleuses,
    21 officiers,
    99 pilotes-troupe,
   144 combattants.

A ajouter : des tracteurs automobiles et des re-morques, des voitures-ateliers, des fourgons, caissons, voitures médicales, le tout à traction automobile, plus un personnel auxiliaire de chauffeurs, ouvriers, in-firmiers, etc.

Si à la somme (99 + 144 = 243) du personnel-troupe du service armé on ajoute les auxiliaires du parc, on atteint un total de 450 hommes : soldats ou gradés inférieurs. A cet effectif correspond un cadre de 21 officiers, soit un officier pour 24 hommes, pro-portion supérieure à l'encadrement normal des régi-ments.

La proportion sera maintenue, de manière à ménager un débouché au personnel, à entretenir l'émulation et à favoriser le recrutement par les perspectives d'avancement.

Avec l'articulation de ses quatre escadrilles, la cohorte réalise un organisme puissant, souple et plastique. Elle se prête à de multiples combinaisons, selon les missions que le commandement peut lui confier.

C'est ainsi qu'elle peut se trouver appelée à manœuvrer avec ses seules ressources, en cherchant le maximum d'efficacité dans la variété. La cohorte équipe alors une de ses escadrilles en bombardier, une autre en fusilier, la troisième en mitrailleur, la quatrième en sapeur-mineur.

Dans certains cas, les escadrilles pourront opérer toutes quatre en bombardier ou en fusilier.

Dans la première hypothèse, la cohorte dispose d'une pluie de 2.400 bombes.

Equipée tout entière en fusilier, elle transporte à terre 96 fusils automatiques tirant à raison de 15 coups à la minute et même davantage.

Mais voici que l'aérocolonel commandant la cohorte a décidé de mettre en jeu ses 8 mitrailleuses. Il équipe alors deux escadrilles en mitrailleur et les deux autres en fusilier. On emporte des outils pour organiser en points d'appui quelques maisons ou d'autres obstacles du terrain.

Dans ces conditions, la cohorte mettra en batterie 8 pièces, équivalant chacune à une section ordinaire d'infanterie à 50 fusils, soit 400 fusils pour l'effet d'ensemble. Pour protéger la batterie, elle débarquera un soutien de 48 fusiliers en mesure de se retrancher.

Du plan d'organisation esquissé ici pour l'escadrille et la cohorte, éléments fondamentaux de la légion, l'épure peut sembler rudimentaire; mais c'est par calcul que les traits auxiliaires du dessin ont été atténués ou effacés.

Si l'invention mécanique ou technique crée l'outil
— ici l'aéroplane — seule l'organisation tactique est
capable de vivifier l'œuvre et de l'exploiter pour des
fins stratégiques. Quand Archimède a rempli sa tâche,
la supériorité passe à Carnot.

Or, aussi bien au moins que la mécanique et la
technique, l'organisation relève de cette faculté créatrice : l'invention. En pareille matière, le secret importe plus encore à l'intérêt national que le mécanisme d'un frein hydro-pneumatique ou la recette
d'un explosif.

C'est donc intentionnellement que les éléments
constitutifs de la cohorte n'ont pas été exposés ici
dans le détail intégral de leur articulation et de leurs
rouages intimes. Toutefois, ce détail a fait l'objet
d'une étude très serrée. En cas de besoin, l'explication
pourra être communiquée aux compétences qualifiées
pour en connaître.

C'est la même discrétion patriotique qui voile plus
loin de réticences et même d'une obscurité voulue des
conceptions du même ordre ou des récits particulièrement descriptifs. Ne voit-on pas les puissances militaires soustraire aux divulgations les plans de leurs
forteresses et les effectifs de leurs régiments?

IV

Une école supérieure d'aéronautique.

Pour le service de ses éléments constitutifs, escadrilles et cohortes, la légion n'exige que des pilotes
d'aptitude moyenne, comparables aux cavaliers de
rang de nos escadrons de cuirassiers ou de dragons.
Pour la formation de ces pilotes, des écoles existent
déjà dans l'organisation ébauchée en 1912. Ce sont

les centres et les aérodromes de cette organisation. Dans leur rôle de pépinières, on peut assimiler ces organes à des écoles primaires.

Quant à la flottille, élément particulièrement mobile de l'aéroflotte, elle réclame un enseignement supérieur.

Il y a urgence à doter la cinquième arme d'un organe de perfectionnement analogue aux cours d'application institués à l'école de Saumur pour les officiers des armes à cheval. Le Saumur aérien pourrait être créé instantanément par la désignation d'un des centres aéronautiques actuellement existants.

Le centre du camp de Châlons, par exemple, pourrait être qualifié pour cet enseignement supérieur. Un autre camp de l'Est, celui de Mailly, serait plus particulièrement affecté aux évolutions de la légion.

Utilisé pour le fonctionnement d'une école supérieure de l'aéronautique, le camp de Châlons deviendrait le haras des avions de tête, assimilés aux pur-sang de la cavalerie, et le rendez-vous des fins écuyers de l'atmosphère.

C'est là que se formeront les officiers de l'aéroflotte par la mise en commun de leurs connaissances. Les techniciens s'initieront à la tactique, les tacticiens aux prouesses sportives des aviateurs.

Dans cette direction, la France paraît s'être laissé devancer par l'Allemagne, par la Russie et même par la Chine.

Près de Berlin, l'école de Dœberitz a pour objet le rapprochement et le perfectionnement mutuel des pilotes de choix et des officiers observateurs. La Russie est dotée d'une école analogue, celle de Katcha. Enfin, le lieutenant-colonel Brissaud-Desmaillet, accrédité près la République Chinoise par la France comme conseiller militaire, a institué à Pékin une école centrale d'aviation. Le brillant organisateur a tracé un programme qui dotera la Chine d'un millier d'avions.

Ce chiffre de 1.000 aéroplanes est précisément la conclusion du programme proposé ici pour la flotte aérienne nécessaire à la France.

Initiatrice et éducatrice des étrangers, la France ne peut rester plus longtemps en retard sur ses propres élèves. La création de l'école supérieure d'aéronautique, ou Saumur aérien, s'impose donc. Les humoristes y verront, dans toute la propriété du terme, le véritable centre des hautes études militaires.

De même que les écoles primaires de pilotage aérien, l'école supérieure relèvera de l'inspecteur permanent de l'aéronautique dans son assimilation de préfet maritime. Sous la même autorité fonctionnera une commission d'expériences, chargée d'étudier les problèmes techniques dont la mise au point laisse encore à désirer.

C'est ainsi que ses recherches porteront sur le blindage des aéroplanes d'exploration, sur la balistique aérienne par le jet des bombes ou le tir direct des mitrailleuses à bord, sur l'emploi de la télégraphie sans fil, des signaux optiques ou des pigeons voyageurs. Les expériences viseront aussi les projecteurs électriques, les obus éclairants et généralement tous les procédés tendant à faciliter pendant la nuit le vol, l'atterrissage et le bivouac.

En principe, c'est l'école supérieure d'aéronautique qui fournira des pilotes d'élite à l'élément le plus actif de l'aéroflotte. la flottille.

V

La flottille et la croisière.

Soumise comme la légion à l'autorité de l'aéramiral, la flottille aura son principal champ d'évolutions au camp de Châlons, près de l'école supérieure d'aéronautique et de la commission d'expériences. Les inventions les plus récentes y trouveront leur application, comme l'installation des mitrailleuses à bord. Pour le service de ces mitrailleuses comme pour le lancement des bombes, la flottille demandera à la légion des combattants exercés.

A l'exemple de l'avion de tête et du pilote d'élite qui sont à la base de la flottille, celle-ci échappe à toute organisation systématique. Ici, la seule unité obligatoire sera l'escadrille avec son parc. Par ailleurs, aucune réglementation rigide ou préconçue, soit pour les types d'aéroplanes, soit pour leur nombre dans l'escadrille.

Le plus souvent, les escadrilles seront groupées en escadres, mais pour ce groupement, ainsi que pour toute l'organisation intérieure de la flottille, l'unique loi sera l'initiative de l'aéramiral ou amiral de l'air.

Comme règle personnelle dans ses fonctions, l'aéramiral ne connaîtra qu'une inspiration toujours tendue et qu'une expérience en constant progrès. Il n'aura d'autre obligation et d'autre souci que la meilleure adaptation de la légion et de la flottille à leurs missions multiples et variées.

Pour la flottille en particulier, les missions les plus importantes peuvent être prévues.

C'est, en premier lieu, la conquête de l'atmosphère par le combat aérien, la recherche et la destruction des engins volants de l'ennemi, dirigeables ou aéroplanes. A cette tâche de conquête aérienne la légion sera appelée à concourir par l'anéantissement des établissements à terre : hangars, ateliers, usines à hydrogène.

A signaler aussi, parmi les attributions de la flottille, l'exploration militaire, à la demande des états-majors et des généraux.

Dans ce service, le premier et longtemps le seul qui ait été assigné à l'aéronautique, l'aéroplane a été, sans rémission, proclamé inférieur au dirigeable. Les partisans du second type opposaient complaisamment son rayon d'action de 1.000 kilomètres aux 300 kilomètres de l'aéroplane moyen.

Avec 1.000 kilomètres en circuit fermé, disaient-ils, le dirigeable s'avancera jusqu'à 500 kilomètres de sa base, puis il utilisera l'excédent de sa puissance pour le retour. Dans les mêmes conditions, un avion de 300 kilomètres ne pourra pousser au delà de 150.

Le commandement ne pourra donc lui confier les reconnaissances à longue portée. Dans la langue militaire, celles-ci constituent l'exploration stratégique, antithèse des exigences bornées de la tactique.

Toute cette dialectique s'est effondrée le jour où les Seguin et les Fourny ont dépassé 1.000 kilomètres, procurant ainsi à l'avion un rendement égal ou même supérieur aux possibilités du dirigeable.

Rattachées à la flottille pour l'administration et l'instruction technique, les escadrilles d'exploration seront, dans une large mesure, mises à la disposition des états-majors appelés à les utiliser en campagne.

En règle générale, d'ailleurs, et après entente avec le commandement militaire, des évolutions combinées auront lieu entre les différents éléments de l'aéroflotte et les troupes des garnisons. L'instruction aura pour couronnement la participation aux grandes manœuvres d'automne.

A côté de l'exploration militaire, destinée à éclairer le commandement supérieur des forces de terre, l'aéroflotte sera amenée à sonder l'atmosphère pour son propre compte. Pour éviter les confusions, il importe d'envisager séparément ce sondage aérien. On peut l'appeler la *croisière,* par analogie avec les opérations du même ordre que la marine effectue sur son élément propre.

Le même mot de croisière désignera l'ensemble des formations aériennes affectées à ce service.

Enfin, sur les contrôles de la flottille et sous l'autorité supérieure de l'aéramiral figureront les dirigeables, conservés pour des applications exceptionnelles ou imprévues.

VI

Un ministère de l'aéronautique. La Bellone nouvelle et la victoire ailée.

Au-dessus de l'inspecteur ou directeur et de l'aéramiral, il faut à l'aéronautique un organe supérieur pour coordonner les efforts, articuler les engrenages, procurer le maximum de rendement.

L'organisation française ne saurait se contenter de la direction récemment créée au ministère de la guerre. Forcément alors, la marine avec ses hydravions resterait en dehors. Danger plus grave : l'élan national vers l'aviation, se sentant abandonné ou découragé, risquerait de s'éteindre.

Les Allemands — il faut encore savoir le reconnaître — semblent avoir aperçu la véritable solution du problème. Ils ont envisagé la création d'un *ministère des communications aériennes*. L'organisation française doit s'élever hardiment jusqu'à la même conception : un nouveau département d'Etat, avec un ministre à sa tête. Ce sera le *ministère de l'aéronautique*.

Dans le cadre de la nouvelle administration prennent place l'aéramiral et l'inspecteur ou directeur.

Celui-ci deviendra le chef d'une *direction technique*, à laquelle ressortiront les questions de matériel, d'inventions, d'encouragements à l'industrie.

Des officiers de marine seront détachés au nouveau ministère pour y traiter les applications navales de l'aéronautique.

Leur groupement constituera une section maritime.

Par analogie, le ministère de l'aéronautique embrassera des spécialistes répondant aux différentes vocations de l'invention nouvelle : applications postale, coloniale, etc.

Des jurisconsultes réglementeront la navigation aérienne et proposeront, à l'exemple de l'Angleterre, des sanctions contre les vols dangereux pour la défense nationale.

Une carte de l'air sera dressée, avec indication des courants permanents, par assimilation aux courants marins portés sur les cartes hydrographiques.

Le service des finances étudiera une face quelque peu oubliée du problème aéronautique. C'est la constitution des approvisionnements d'essence et d'huile pour les moteurs, la substitution possible de l'alcool au pétrole, les mesures propres à neutraliser la spéculation en temps de paix et la disette après la mobilisation. Par ses commandes, l'administration financière contribuera, avec la direction technique, à stimuler le zèle des inventeurs et à encourager la production industrielle.

Mais de quelle utilité pourraient être des centaines et des milliers d'avions si les pilotes manquaient pour les monter? Suivant la plaisanterie connue, c'est toujours dans le civil que l'armée recrutera ses soldats et, *a fortiori*, l'aviation son personnel. Il est d'un intérêt évident que le goût du sport aérien se propage dans la nation. Ainsi s'approvisionnera un réservoir où, soit par voie d'appel, soit par engagement volontaire, le ministère de l'aéronautique puisera sans peine des aspirants pilotes, ou même des pilotes tout formés. De ces derniers, les aérodromes n'auront plus qu'à codifier l'instruction.

Maintenir le plein d'un pareil réservoir, appliquer à cet objet, sans préjugés de caste, la publicité et même la réclame, y faire coopérer l'attrait inédit et le spectacle des évolutions de l'aéroflotte : telles seront, au ministère, les attributions du service de la Presse et des Sports. Ce service n'aura d'ailleurs qu'à s'inspirer des initiatives privées qui ont si généreusement doté l'aéronautique de prix pour perfectionner le jet des bombes et autres applications conformes à l'intérêt national.

Avec la collaboration intime de l'aéramiral et de l'inspecteur permanent, ou directeur technique, le ministre précisera les principes de la tactique aérienne. Il s'inspirera de l'expérimentation directe du polygone et des manœuvres, et surtout des leçons pratiques des guerres les plus récentes : Tripolitaine, Balkans, Maroc.

Il indiquera des solutions pour le dispositif des avions dans l'escadrille, la cohorte ou l'escadre, pour les distances à observer dans l'atmosphère suivant les trois dimensions : longueur, largeur et profondeur. Des instructions et des règlements définiront les vols en ligne de file, en ligne de front ou en coin, à l'exemple des oiseaux migrateurs. Le jugement des officiers sera orienté sur le rôle des bombardiers et des mitrailleurs, sur l'atterrissage, le débarquement des combattants, sur toutes les applications de l'aéronautique militaire.

Celle-ci exige de son chef, le ministre, une impulsion active et personnelle, appuyée sur la confiance du pays. Elle veut à sa tête un cerveau créateur, travaillant dans la sécurité et la continuité des longs lendemains.

Où l'intérêt national réclame un calculateur, il n'y a plus de place pour les danseurs. Le ministère en projet ne saurait devenir un butin nouveau pour les partis, une sinécure pour des politiciens incompétents, ballottés par les orages parlementaires et prisonniers des bureaux.

La conception d'un ministère de l'aéronautique avec un ministre effectif peut sembler audacieuse, intimidante même. Il n'en est pas moins vrai que c'est l'unique solution du problème.

Vierge des traditions d'arbitraire et de coteries, le nouveau ministère organisera les cadres de l'aéroflotte, en dehors des préjugés et des mandarinats, avec des officiers jeunes et ardents. Tel capitaine aviateur de 1913 deviendra aéramiral, tel pilote aéro-colonel.

Dans le nouvel organisme se fondront les rivalités de chapelles entre le génie et l'artillerie, entre les civils et les militaires. La discipline rigide des masses armées s'y conciliera avec une initiative nécessaire. Elle adoptera pour devise : une main ferme, mais dans un gant de velours.

L'administration des grades et des récompenses s'y maintiendra affranchie des ingérences qui se sont enracinées ailleurs, au grand dommage de la justice et de l'intérêt national.

Embrassée dans sa véritable envergure, la conception de l'aéronautique révèle une force jusqu'ici insoupçonnée. Ce n'est plus seulement une cinquième arme, auxiliaire des armées de terre et de mer, c'est une troisième armée, celle de l'air, prête à opérer dans son domaine propre ou à combiner ses manœuvres avec les deux premières.

Son entrée en scène propose au génie humain des

problèmes supérieurs à tout ce que la stratégie et la politique de la guerre ont pu concevoir. C'est l'exploitation et l'irrésistible concert de tous les éléments : la terre, la mer, l'atmosphère, reliées et dominées par les effluves et les éclats de la foudre.

La Bellone nouvelle ne se contente plus de l'épée de Mars, du trident de Neptune et du tonnerre de Jupiter. C'est elle que l'art antique a prophétisée quand son inspiration a créé cette divine effigie : la Victoire de Samothrace, la victoire ailée.

CAMPAGNE DE 1916

CARTE GÉNÉRALE DU THÉATRE DE LA GUERRE

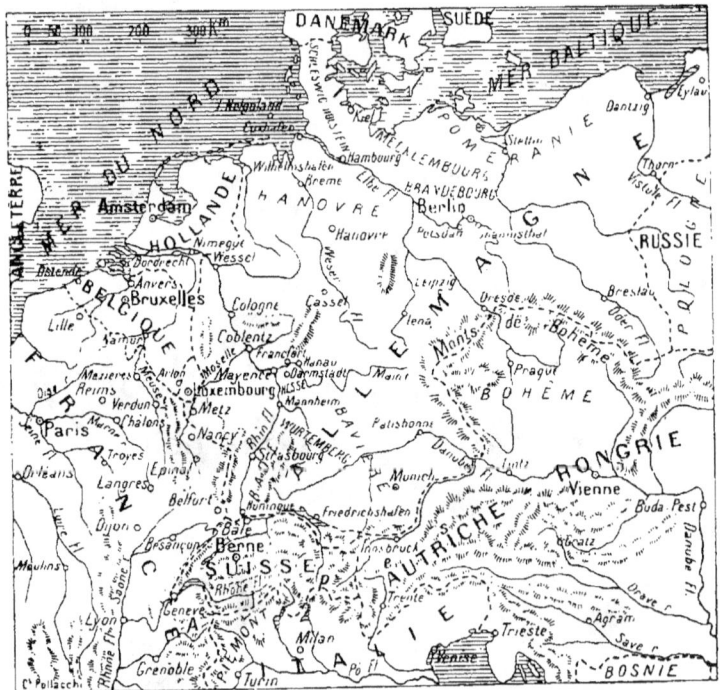

CAMPAGNE DE 1916

CARTE GÉNÉRALE DU THÉATRE DE LA GUERRE

TROISIÈME PARTIE

UNE VÉRIFICATION ANTICIPÉE
LA CAMPAGNE DE 1916

CHAPITRE PREMIER

PRÉLUDES DES OPÉRATIONS MILITAIRES

I. Un précédent littéraire : la bataille de Dorking. — II. Un nouveau comité de Salut Public. — III. L'action diplomatique.

I

Un précédent littéraire : La bataille de Dorking.

Pour faciliter l'exposé des combinaisons en puissance dans un projet d'organisation, un procédé s'offre, qui supprime les longueurs d'une dissertation. C'est le récit, forcément imaginaire, d'événements futurs.

Cet artifice a été inauguré, presque immédiatement après la guerre franco-allemande de 1870, dans une brochure publiée en Angleterre : *La bataille de Dor-*

king, souvenirs d'un volontaire. La brochure parut en
1871, sans nom d'auteur. L'opinion publique l'attri-
bua à l'un des hommes d'Etat les plus perspicaces du
Royaume-Uni, lord Disraëli. En réalité, l'auteur était
un officier anglais, le colonel Tomkyns Chesney.

L'œuvre eut un retentissement mérité. Une traduc-
tion française parut dès le mois d'août 1871 avec une
préface de Charles Yriarte. L'écrivain français a exposé en quelques lignes la fable du récit :

En 1921, un vieillard, ancien volontaire de l'armée
anglaise, raconte à ses enfants comment cinquante
ans auparavant, par conséquent en 1871, l'Angleterre
a été écrasée par la puissance germanique, démesuré-
ment grandie sur les ruines de la France. Rempart
flottant du Royaume-Uni, la flotte a succombé dans
la Mer du Nord sous les coups d'engins invisibles. Il
y a dans ce passage une vision prophétique des sous-
marins de haute mer quarante ans avant leur création. Les armées du Kaiser ont débarqué sans diffi-
culté près de Londres, après avoir écrasé à Dorking
les insuffisants bataillons que l'imprévoyance britannique a opposés à leurs masses.

Dès son apparition, *La bataille de Dorking* suscita
une nuée de contrefaçons. Depuis lors, ce genre littéraire s'est encore discrédité par les broderies enfan-
tines auxquelles il a servi de canevas.

Le reproche est facile à éviter dans un *Rapport du
ministre de l'aéronautique sur la participation de son
département à la campagne de 1914.* Semblable titre
se prête mal à l'intrusion d'une idylle amoureuse ou
d'un rôle comique. En revanche, la formule conserve
à la description et au fonctionnement des rouages de
l'organisation aérienne la clarté et l'agilité de style,
apanages de la forme narrative.

Les Allemands ne sauraient se formaliser de cette
intervention d'une hypothèse guerrière. Dans cette

direction, leurs publicistes ont pris l'avance avec la légèreté de touche que garantit la marque de fabrique *Made in Germany.*

A citer parmi les publications allemandes :

En 1912, *Voyages aériens en temps de paix et en temps de guerre,* parue à Berlin sous la signature de LEBERECHT. Celle-ci est un pseudonyme sous lequel l'opinion publique a cru reconnaître le comte de Moltke, chef du grand état-major prussien, héritier du nom et du poste du vainqueur de Sadowa et de Sedan.

En 1913 un périodique allemand publiait un article intitulé *Les Zeppelin partent en France.* Dans un récit anticipé, un dirigeable abordait le territoire français après avoir survolé la Belgique et détruisait les voies ferrées à Mézières et à Reims.

L'article parut au mois de septembre, presque à point pour que les catastrophes du L 1 et du L 2 vinssent lui procurer un commentaire.

Auparavant, c'est tout une brochure insultante qu'avait publiée Adolf Sommerfeld sous ce titre :

Frankreichs Ende im Jahre 19 ? ?
La fin de la France en l'an 19 ? ?

II

Un nouveau comité de Salut Public.

Rapport du ministre de l'aéronautique au Président de la République.

MONSIEUR LE PRÉSIDENT,

J'ai l'honneur de vous adresser un rapport sur les opérations les plus caractéristiques de l'aéronautique pendant la campagne qui vient de s'achever. Ce rapport laisse en dehors toutes les applications navales, le ministre de la marine ayant revendiqué l'avantage de vous les exposer.

Je n'insisterai pas sur les causes lointaines ou immédiates de la guerre. Depuis 1871, la France souffrait, dans son cœur et dans sa chair, d'une blessure que l'Allemagne se faisait un jeu d'aviver. Plus récemment, la crise des Balkans avait mis aux prises les rivalités et les convoitises des puissances européennes. En 1913, l'exagération des armements allemands et les contre-mesures adoptées par la France avaient forcé les esprits les plus prévenus à envisager l'éventualité d'une rupture.

Pour le choix de l'heure, la diplomatie germanique disposait de la longue tradition des querelles d'Allemand et des provocations dans le style de la dépêche d'Ems ou du coup d'Agadir. L'étincelle finit par jaillir. Après une rapide recrudescence de tension, l'Allemagne prit l'initiative et brusqua l'événement. Dans la nuit du 30 au 31 mai 1916, la garnison de Metz passa la frontière et attaqua les avant-postes français.

La violation du territoire était flagrante. Pour les Français, toute illusion, tout retard étaient des crimes contre la patrie. D'urgence et par décret, le gouvernement lança l'ordre de mobilisation. Le premier jour de la mobilisation était fixé au 2 juin, à minuit une minute.

La guerre se trouvait déclarée de fait, sans que les Chambres eussent eu à intervenir. Dans cette crise de vie ou de mort, le gouvernement, le Parlement et le pays rivalisèrent de sang-froid et de patriotisme. Les Chambres investirent le gouvernement de la dictature jusqu'à la fin des hostilités.

Aux termes de décrets antérieurs, un conseil supérieur de la Défense Nationale était prêt à fonctionner

sous la présidence du Président de la République. Il
comprenait notamment les ministres des grands départements : guerre, marine, finances, affaires étran-
gères, colonies. Le ministre de l'aéronautique y avait
reçu accès.

Cédant à la sommation des circonstances, le Parlement accepta de voir mettre à la tête des ministères de
Défense Nationale, non plus des représentants des
partis, mais des compétences indiscutées : *the right
man in the right place*. Ainsi, après cent vingt ans,
surgit un nouveau comité de Salut Public : les Carnot,
les Prieur, les Cambon, les Barthélemy y auraient
reconnu des successeurs dignes d'eux.

Sous l'énergique impulsion du conseil supérieur de
défense, une harmonie trop rare dans notre histoire
inspira désormais les agents divers de la puissance
française.

La diplomatie sut parler net à tous, amis et ennemis.

La conflagration naissante mettait en conflit deux
constellations de puissances. A la Triplice allemande,
autrichienne et italienne, la Triple Entente opposait
la France, la Russie et l'Angleterre. Son attraction
s'exerçait par sympathie sur l'Espagne et sur un fais-
ceau d'états dans la région de la Mer Noire et des
Balkans.

Pour la Triple Entente, l'agression allemande affer-
missait le terrain. Les engagements de la France et de
la Russie sortirent leur plein effet.

Quant à l'Angleterre, elle revivait la psychologie
décrite dans *La bataille de Dorking*. Loin de renouveler la faute de 1870 en laissant écraser la France, la
nation anglaise embrassa avec transport l'occasion
de secouer enfin le cauchemar de l'invasion germanique. ·

Dans le camp opposé, au contraire, des trois puissances contractantes, une seule manifestait pour la lutte un intérêt passionné : c'était l'Empire Allemand.

La monarchie austro-hongroise jetait vers l'Italie des regards que les menées irrédentistes chargeaient d'inquiétude. D'ailleurs, la crise balkanique, par la fermentation qu'elle avait causée au sein des populations slaves de la monarchie, avait sérieusement compromis la cohésion de l'armée.

Quant à l'Italie, si la lettre des traités faisait de ce royaume un allié de l'Autriche, l'aversion populaire retournait radicalement l'esprit des mêmes traités. Ici encore, et même sur le terrain officiel, les incidents de la guerre des Balkans avaient accentué les divergences.

III

L'action diplomatique.

Le gouvernement français ne s'illusionnait pas sur les sentiments de la sœur latine, mais il savait que les Italiens ne se sacrifieraient pas volontiers sur l'autel du roi de Prusse. Un adroit dosage de promesses et de menaces permettait à la diplomatie d'escompter à brève échéance la neutralité du royaume transalpin.

Plus urgente encore était la neutralisation effective de la Suisse et de la Belgique. Ici heureusement, la diplomatie était secondée par les dispositions et les intérêts propres des deux nations en cause.

Simple milice, mais compensant d'inévitables imperfections de métier par le patriotisme et le niveau moral de ses citoyens-soldats, l'armée helvétique s'appuyait à la forteresse naturelle des Alpes. De ce côté, les gouvernements de la Triplice avaient sondé le terrain, mais leur sagacité n'avait pas eu grand mérite à flairer des précipices. L'Allemagne, en particulier, battit prudemment en retraite.

Elle paraissait plus entreprenante vers la Belgique. Les plans de l'état-major prussien destinaient 7 corps d'armée ou 250.000 combattants à l'invasion de ce territoire, dans l'intention de tourner par le Nord la courtine française Verdun-Belfort.

Par contre, la Belgique avait élevé récemment à 150.000 hommes la force de son armée de campagne. La France se concerta avec le gouvernement britannique pour qu'un corps expéditionnaire d'effectif égal se tînt prêt à débarquer dans le port d'Anvers ou sur la plage d'Ostende. Des fuites heureuses portèrent ces arrangements à la connaissance des Belges et des Allemands. Les premiers en furent confirmés dans leurs résolutions de neutralité. Les autres renoncèrent à une violation grosse de désastres.

La neutralisation des territoires de la Belgique et de la Suisse fut formellement étendue à l'atmosphère qui les recouvre. La moindre tentative de survol fut spécialement qualifiée comme un *casus belli*.

Les Allemands se rabattirent sur le grand-duché de Luxembourg. Cet état fut occupé par la garnison de Trèves après une vaine protestation du gouvernement luxembourgeois. La colonne prussienne s'arrêta à la frontière du Luxembourg belge.

En définitive, la ligne de contact des avant-postes français et allemands s'appuyait à des territoires neutres, d'une part à Bâle, d'autre part à Arlon. Un intervalle de 140 kilomètres en ligne droite : tel était l'isthme sur lequel allaient s'affronter les millions de combattants qui affluaient du fond de la France et de la Germanie.

CAMPAGNE DE 1916

THÉATRE DES OPÉRATIONS DANS L'EST

ET LE SUD-EST

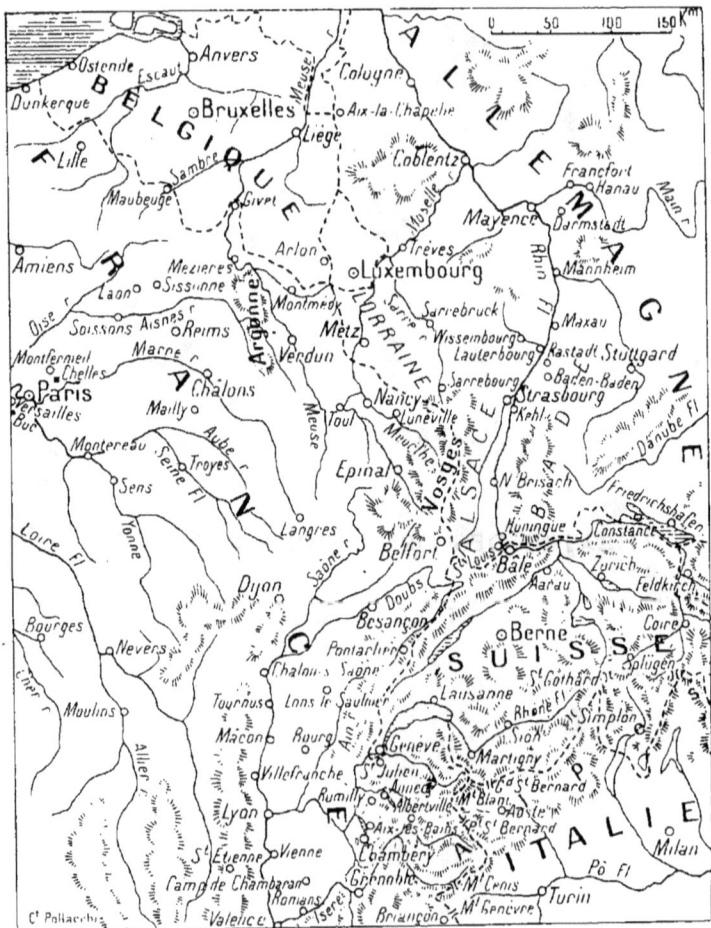

CAMPAGNE DE 1916

THÉATRE DES OPÉRATIONS DANS L'EST ET LE SUD-EST

CHAPITRE II

L'ARMÉE DE L'AIR DANS SES OPÉRATIONS PROPRES

I. Le rideau de la croisière. — Destruction de deux Zeppelin. — III. La croisière se porte en avant. — IV. Anéantissement de l'aéronautique allemande en-deçà de la croisière. — V. Destructions sur les voies ferrées.

———

I

Le rideau de la croisière.

Dans le drame de 1916, l'aéronautique française, exploitant toutes les ressources de sa récente organisation, a joué deux rôles distincts.

D'une part, l'aéroflotte a manœuvré en qualité de force autonome sous la direction supérieure de son chef, l'aéramiral Rozier. C'était, à côté de l'armée de terre et de l'armée de mer, l'armée de l'air. Suivant les ordres du gouvernement, elle exécutait, tantôt des missions indépendantes, tantôt des opérations combinées avec les deux autres éléments de la France guerrière. Ainsi voit-on, dans la guerre navale, la marine agir, soit isolément pour détruire les escadres de l'adversaire, bombarder ses ports, ruiner son commerce, soit en combinaison avec les troupes de terre pour protéger le littoral national ou insulter les côtes ennemies.

Sous un point de vue différent, des fractions de l'aéroflotte ont été mises par le gouvernement à la disposition du ministre de la guerre. Les escadrilles ainsi détachées auprès des armées y ont joué le rôle d'une cinquième arme en liaison avec les autres : infanterie, cavalerie, artillerie, génie.

C'est l'armée de l'air qui a ouvert le drame.

Par leur ardeur et leur jeunesse, ses officiers rappelaient les temps héroïques de la Révolution. L'aéramiral avait trente-cinq ans. Tel aérocolonel n'en comptait pas vingt-sept.

Sur la frontière de l'Est, l'offensive brusquée du 31 mai n'avait pas pris les Français en défaut. La division de Lunéville avait déployé une partie de ses escadrons dès les premiers symptômes de tension. La cavalerie ajustait aux sinuosités de la frontière politique le rideau mouvant de ses reconnaissances et de ses patrouilles.

A ce rideau l'armée de l'air en superposa un autre, véritable tapisserie de haute lisse dont la chaîne et la trame entrecroisaient leurs fils sur 3.000 mètres d'élévation. 200 avions de tête, munis de projecteurs électriques et montés par les plus hardis pilotes de la flottille, battaient les airs dans une incessante croisière pour signaler le passage des dirigeables et des aéroplanes des Allemands. Cette force aérienne de première ligne totalisait plusieurs escadres.

En arrière, au camp de Châlons, d'autres escadres groupaient une centaine d'avions, les plus formidablement armés pour la lutte à travers les airs. C'était une masse de manœuvre concentrée dans la main de l'aéramiral.

Celui-ci se tenait relié à la croisière par un système savamment agencé de pigeons voyageurs, de signaux, de téléphonie, de télégrammes ordinaires et de télégraphie sans fil. Dans la masse de manœuvre de la flottille, une escadre grondait sous pression, prête à prendre la chasse au premier avis du passage d'un Zeppelin.

A Paris, la population avait été avertie que des dirigeables ennemis se disposaient à bombarder la capitale. Le gouvernement ajoutait que des mesures spéciales avaient été adoptées pour signaler et détruire les brûlots aériens.

Pour fouiller le ciel dans l'obscurité de la nuit, des projecteurs électriques avaient été placés sur la Tour Eiffel et dans les forts du front Est du camp retranché de Paris. Des canons agencés pour le tir vertical avaient été mis en batterie. Enfin, le groupe aéronautique de Versailles, faisant appel à ses ressources propres, avait improvisé une escadre d'avions aux modèles variés. En définitive, les Parisiens étaient invités à conserver leur calme.

II

Destruction de deux Zeppelin.

Si, dans la nuit historique du 30 au 31 mai 1914, la garnison de Metz avait refoulé le rideau de la cavalerie française, une autre agression encore était partie de la forteresse lorraine. Par son service de renseignements, le ministère de l'aéronautique savait que deux Zeppelin de 20.000 mètres cubes prendraient leur vol sur Paris. La croisière en action sur la frontière reçut l'information.

Sur le rideau de haute lisse plissé suivant la frontière conventionnelle, les avions redoublèrent de vigilance, tissant et entrecroisant leurs vols. Les projecteurs découvrirent au passage un premier Zeppelin.

Au camp de Châlons, l'aéramiral détacha de sa masse de manœuvre l'escadre première à marcher. De la croisière se détachèrent aussi 4 avions, munis de bons projecteurs, avec mission d'escorter l'aéronef ennemie.

Eclaireurs dans toute la matérialité du mot, les avions français maintenaient le Zeppelin sous le recoupement de leurs faisceaux lumineux. Reflétant cette violente lumière, le Titanic aérien gravitait dans l'obscurité comme une longue planète. Ainsi repéré, il était condamné à la destruction.

Effectivement, l'escadre de chasse ne tarda pas à le découvrir. Elle se forma instantanément en ligne de file, tout en survolant le Zeppelin. Passant et repassant au-dessus de cette cible mobile, les avions français la saupoudraient d'une grêle de bombes.

Le 30 mai, à 22 heures 45 minutes ou 10 heures 45 du soir, le brûlot fit explosion dans l'obscurité de la nuit. Ses débris étaient précipités d'une hauteur de 1.700 mètres sur le terrain d'une clairière de l'Argonne.

Une seconde et plus formidable explosion ébranla l'atmosphère et le sol. C'était la déflagration d'une masse de 800 kilogrammes d'explosif, que le Zeppelin emportait pour semer l'incendie, la mort et la terreur sur Paris endormi.

Dès que les pilotes de l'escadre française avaient perçu la première explosion, ils avaient dispersé leurs avions à tire d'ailes. Dans une manœuvre centrifuge, l'escadre s'éloigna du brûlot tout en gagnant les couches supérieures de l'atmosphère. Grâce à cette tactique, les avions échappèrent tous aux effets du formidable remous causé par la double explosion.

De l'équipage du Zeppelin il ne restait plus que des débris humains, projetés à travers la campagne et dans les bois. On sut plus tard qu'il s'était composé de 3 officiers et de 15 hommes de troupe : 18 au total, pilotes, mécaniciens ou combattants.

En inventoriant les vestiges du dirigeable, le ser-

vice de l'artillerie reconnut les éléments de 4 mitrailleuses. Deux d'entre elles étaient destinées à tirer de
dessus une plate-forme supérieure.

Au camp de Châlons, l'aéramiral n'avait pas at-
tendu toutes ces constatations pour télégraphier à
Paris le combat aérien et la destruction du brûlot
allemand. Il ajoutait qu'il était malheureusement
sans nouvelles du second Zeppelin et qu'un redouble-
ment de vigilance s'imposait pour la protection de la
capitale.

Ces avis ne furent pas dédaignés. L'escadre improvisée de Versailles prit l'atmosphère.

Le 31 mai, à 2 heures du matin, le dirigeable allemand était découvert par les projecteurs du fort de
Chelles. Aussitôt, les batteries de canons spéciaux
ouvrirent le feu contre l'objectif aérien. L'escadre de
Versailles accourut.

Tandis qu'une partie des avions français cher-
chaient à survoler et à bombarder le dirigeable, d'autres l'investissaient et le criblaient par un feu con-
centrique de mitrailleuses. Alors, le Zeppelin mit ses
propres mitrailleuses en jeu : ce fut sa perte.

Près de la plate-forme supérieure, l'effet naturel
de la dilatation amenait l'échappement des gaz du
dirigeable. Ces gaz s'enflammèrent à la décharge des
mitrailleuses. Bientôt, le second Zeppelin disparais-
sait, anéanti comme le premier dans une double et
formidable explosion.

Les Parisiens, que le bruit du combat avait réveil-
lés, aperçurent avec effroi à l'Orient une lueur tra-
gique, une aurore de fin du monde, prélude et présage
de la sanglante guerre qui commençait.

Si la destruction du brûlot allemand délivra la capitale de l'inquiétude qui l'oppressait, ce résultat
n'avait pas été acheté sans sacrifices. En éclatant sur
le territoire populeux de la banlieue parisienne, la

charge d'explosif causa de graves dégâts. Des maisons
furent renversées dans le périmètre des deux com-
munes de Chelles et de Montfermeil. Des habitants
furent tués ou blessés.

Quant à l'escadre improvisée de Versailles, elle su-
bit aussi des pertes cruelles. Ses pilotes n'étaient pas
entraînés, comme ceux de la flottille de Châlons, à
appliquer, d'instinct et sans retard, la tactique centrifuge pour éviter les effets des explosions. 7 avions
furent saisis par le remous et précipités avec leurs
pilotes et leurs passagers. L'aéronautique française
perdit ainsi 14 précieuses existences.

III

La croisière se porte en avant.

Dans l'aéroflotte, les unités de première ligne étaient
en état de mobilisation permanente. D'autre part, du
moment que la violation du territoire français insti-
tuait l'état de guerre, les instructions de l'aéramiral
l'investissaient d'une immédiate liberté de manœuvre.
L'aéramiral Rozier usa de ses pouvoirs pour porter
sans délai au delà de la frontière le rideau de la croisière.

Pour les 200 avions de tête qui formaient ce rideau,
le rayon d'action était de 400 kilomètres au minimum. Les parcs des escadrilles, matériel et personnel,
s'étaient placés sous la protection des fortifications
les plus avancées et mis ainsi à l'abri de l'offensive
allemande.

Ces fortifications constituèrent la base d'opérations
de la croisière. Le rideau de haute lisse se déplaça
tout entier et s'avança jusqu'à 200 kilomètres de la

base, en survolant les territoires occupés par l'ennemi.

Dès lors, dans chacune des escadrilles de la croisière, commence un mouvement incessant de va-et-vient. Quand un des avions de l'escadrille est arrivé à 200 kilomètres de la base, il vire de bord et regagne son parc. Là, l'esquif aérien renouvelle son approvisionnement d'essence. Il se fait réparer et au besoin remplacer à l'aide du matériel de rechange.

Obéissant à un besoin plus impérieux encore, les pilotes réparent leurs forces ou sont remplacés par le personnel de la relève. Avions et pilotes repartent ensuite, tissant sur 200 kilomètres de largeur un réseau de protection. Au centre de ce réseau, une escadre de manœuvre a pour mission spéciale de courir sus à toute force aérienne de l'ennemi.

Jusqu'ici, l'armée de l'air n'avait eu recours qu'à un seul de ses deux éléments, le plus mobile il est vrai, la flottille. Les unités constituant la croisière avaient créé une zone aérienne de sécurité large de 200 kilomètres.

A l'intérieur de cette zone, l'aéramiral appela des unités de la légion à coopérer à deux missions déterminées du programme de l'armée de l'air. C'étaient, d'une part, la destruction des hangars et autres installations de l'aéronautique allemande; d'autre part, la perturbation des opérations de mobilisation et de concentration des armées ennemies.

L'exécution des deux missions devait être simultanée. A chacune d'elles fut affectée une cohorte dans son organisation normale à 4 escadrilles.

Chaque cohorte était couverte à distance par le rideau mouvant de la croisière. Dans un rayon rapproché, la cohorte était protégée et renseignée par ses propres officiers. Ceux-ci, montés sur des avions de tête, étaient les éclaireurs naturels de la cohorte, de même qu'ils en étaient les guides.

IV

Anéantissement de l'aéronautique allemande en deçà de la croisière.

Dans une manœuvre préalable, la cohorte affectée aux destructions aéronautiques avait déployé ses 4 escadrilles sur la base Belfort-Montmédy. Chacune d'elles était équipée en bombardier. Chacune également avait reçu désignation de son objectif particulier.

Dès le 31 mai, les escadrilles prennent l'atmosphère. En approchant de leurs objectifs, elles disposent leurs 12 avions en ligne de file.

Dans cet ordre, les escadrilles survolent les hangars-cathédrales des Zeppelin à Metz, à Strasbourg, à Baden-Baden et ailleurs encore. Sur ces abris, sur les usines et magasins à hydrogène, sur les ateliers annexes, les oiseaux de guerre pondent leurs œufs explosibles et incendiaires. Accessoirement, les installations voisines, telles que casernes, docks militaires, fortifications, participent à la distribution.

En dépit des incertitudes que pouvaient receler les problèmes de la balistique aérienne et de l'aérocible, quelques coups de hasard furent suffisants pour anéantir tous les arsenaux de l'aéronautique allemande sis en deçà du rideau mouvant de la croisière. A citer comme points extrêmes atteints : au Sud, sur le lac de Constance, les célèbres établissements du comte Zeppelin à Friedrichshafen ; au Nord, à Mannheim, les usines Schütte-Lanz, d'où provenaient les dirigeables les plus perfectionnés.

A la surprise allemande l'aéroflotte française avait opposé une riposte foudroyante.

En 1904, à l'ouverture de la guerre russo-japonaise, la flotte du Mikado sut conquérir dès la première nuit la maîtrise de la mer. L'histoire a montré de quel poids cette conquête a pesé sur l'ensemble des opérations. Douze ans plus tard, la conquête de l'air devait procurer à la France des conséquences non moins heureuses.

Le premier résultat était obtenu dès le 1er juin 1916. A la même date et dans la même zone, la deuxième cohorte avait déjà commencé à porter le trouble dans les opérations des armées allemandes.

V

Destructions sur les voies ferrées.

En corollaire de l'organisation moderne de la nation armée, une guerre continentale s'ouvre, chez chacun des belligérants, par une période préliminaire.

Dans leurs garnisons respectives, les régiments commencent par passer du pied de paix au pied de guerre. Ce passage comporte, en particulier, l'incorporation d'une certaine proportion de réservistes : c'est la *mobilisation*. Elle est suivie de la *concentration,* ou transport des masses mobilisées sur le front des prochaines rencontres. De part et d'autre, jour et nuit, les chemins de fer stratégiques déversent sur les quais de débarquement de la zone frontière des trains bondés de soldats et de matériel.

Sur la frontière même, tandis que la mobilisation et la concentration animent tout le théâtre de la guerre, les troupes de couverture et d'avant-garde s'entrechoquent dans un prélude sanglant.

Exactement informé, l'état-major français avait

apprécié à 8 jours la durée totale de la période préliminaire pour l'armée allemande : 2 jours pour la
mobilisation, 6 jours pour la concentration. Tout était
préparé pour soutenir la guerre de masses à partir du
neuvième jour. Les Allemands ayant pris l'initiative
le 31 mai, le neuvième jour répondait au 8 juin 1914.

De même que la première cohorte, la seconde avait
équipé ses 4 escadrilles en bombardier et les avait
déployées sur la base Belfort-Montmédy. Elle prit
l'atmosphère en même temps, mais avec des objectifs
différents. Ceux-ci étaient les ponts-viaducs des chemins de fer stratégiques sur le Rhin, la Lauter, la
Sarre et la Moselle, en deçà du rideau de la croisière.

Dès le premier jour s'effectua le bombardement
aérien visant les ponts de Saint-Louis, de Kehl, de
Maxau sur le Rhin et celui de Sarrebrück sur la Sarre.
Après cette exécution, les escadrilles revinrent s'approvisionner sur la base. Elles complétèrent leur œuvre par les ponts de Lauterbourg et de Wissembourg
sur la Lauter, de Trèves sur la Moselle et retournèrent
sur le Rhin à Brisach et à Rastadt.

Ainsi que pour la destruction de l'aéronautique, les
escadrilles se formaient en ligne de file, mais leurs
munitions comportaient des projectiles plus pesants
et propres à effondrer les tabliers des ponts métalli-
ques. L'instant le plus favorable à la tâche destruc-
trice était le passage d'un train ou, mieux encore, de
deux trains se croisant sur le pont-viaduc.

Les 12 avions de l'escadrille défilent alors en pon-
dant leurs bombes sur les locomotives et les wagons
en marche. Il suffit d'un coup heureux pour faire dé-
railler un train et mettre hors de service la voie, le
tablier ou le pont lui-même.

Les grandes gares, surtout celles qui jouaient le
rôle de nœuds de voies ferrées, servirent aussi d'objectifs au bombardement aérien. Leurs stocks de char-

bon, leurs rotondes de locomotives, leurs ateliers, furent la proie de la dévastation et de l'incendie.

Cependant, la première cohorte était redevenue disponible après l'anéantissement de l'aéronautique ennemie. L'aéramiral Rozier la rallia au camp de Mailly. Il la réorganisa en remplaçant les avions, les pilotes et les passagers mis hors de combat.

A cette première cohorte réorganisée, l'aéramiral confia la mission de compléter l'œuvre de la seconde en mettant hors de service, sur les voies ferrées, les tunnels, viaducs, ponceaux, bifurcations.

Pour cette mission, la cohorte dut opérer avec ses 4 escadrilles réunies. De celles-ci, 3 étaient équipées en fusilier et la quatrième en sapeur-mineur.

A la suite de reconnaissances préalables, les ouvrages à détruire avaient été choisis, dans le plus grand mystère, à portée de terrains d'atterrissage et loin des grands rassemblements de l'armée ennemie.

La cohorte arrive à la tombée de la nuit et atterrit sur les emplacements reconnus. Les combattants débarquent. Les fusiliers dispersent ou neutralisent le poste ennemi préposé à la garde de l'ouvrage. Ils interceptent la voie pour arrêter les trains militaires.

Les sapeurs-mineurs disposent leurs explosifs dans les pieds-droits des voûtes, les piliers des viaducs ou les aiguilles des embranchements. Ils y mettent le feu.

Aussitôt après, rembarquement général et retour sur la base d'opérations Belfort-Montmédy. Le lendemain, la cohorte recommence sur un autre point.

LES ABORDS DE NANCY

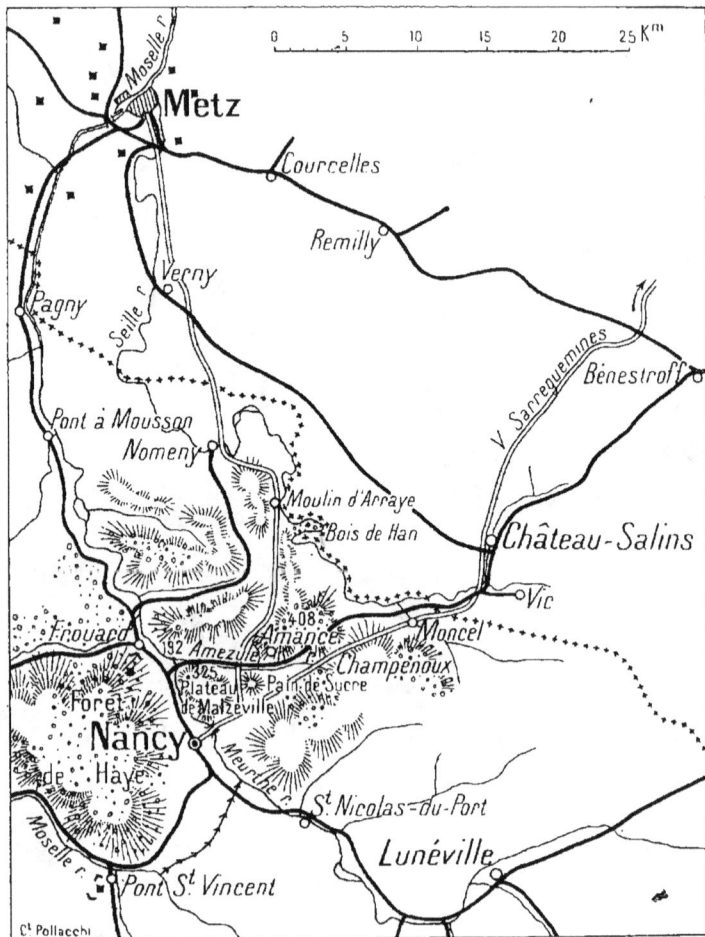

LES ABORDS DE NANCY

CHAPITRE III

LA CINQUIÈME ARME DANS L'EXPLORATION
ET LA BATAILLE

I. L'exploration stratégique. — II. Bataille de Nancy. Rôle des avions monoplaces. — III. L'aviation aux abords du champ de bataille. Interception des renforts ennemis. — IV. La cinquième arme en liaison avec la cavalerie, l'infanterie et l'artillerie. — V. La cavalerie de l'air sur le champ de bataille.

———

I

L'exploration stratégique.

Dans les opérations que le rapport vient d'exposer, l'aéroflotte avait évolué comme une force autonome, l'armée de l'air, au même titre que les escadres navales lorsqu'elles manœuvrent au large. Qu'ils ressortissent à la légion ou à la flottille, les éléments employés ne reconnaissaient d'autre hiérarchie que l'aéramiral Rozier et ses subordonnés directs.

Toutefois, et en même temps, d'autres unités aéronautiques avaient été mises à la disposition du ministre de la guerre. Elles furent placées sous les ordres du généralissime commandant le groupe des armées de la frontière de l'Est, le général Jourdan.

Les escadrilles ainsi soustraites à l'autorité de l'aéramiral étaient destinées à remplir des missions d'exploration, de combat ou de destruction en combinaison intime avec les organes normaux de l'armée. Dans cette conception, l'aéroflotte opérait comme une cinquième arme, appelée à jouer sa partie dans le concert de ses quatre aînées.

Pour l'exploration, le généralissime reçut la libre disposition des escadrilles spéciales, avec les officiers observateurs formés dans les exercices de l'école supérieure du camp de Châlons et les évolutions de la flottille.

En 1916, les avions de tête du service d'exploration stratégique, ou à longue portée, possédaient un rayon d'action de 1.000 kilomètres. Cette puissance leur permettait de s'avancer normalement jusqu'à 500 kilomètres de leur point de départ, en dépensant les 1.000 kilomètres en circuit fermé pour l'aller et le retour.

Aux vocations de combat et de destruction étaient, par organisation, destinées les cohortes de la légion. Déjà, une première division de 2 cohortes avait été chargée, sous le commandement de l'aéramiral, de détruire les installations aéronautiques de l'ennemi et de troubler ses opérations de mobilisation et de concentration. Une deuxième division d'égale force fut mise à la disposition du généralissime. Comme la première, elle pouvait manœuvrer sans crainte, sous l'unique condition de ne pas dépasser les 200 kilomètres de la zone de sécurité créée par la croisière.

Sous la même condition, le commandement pouvait tirer parti des dirigeables qui figuraient sur les contrôles de la flottille. L'aéramiral se dessaisit sans regret de ces échantillons si vulnérables.

Navigation nocturne, capacité de transport, stabilité, rayon d'action : des quatre supériorités spéciales au type dirigeable, la dernière était à peu près illusoire. En effet, les aéronefs ne pouvaient dépasser les 200 kilomètres de la zone protégée par la croisière sans s'exposer au sort des deux Zeppelin anéantis dans la première nuit de la guerre. Dès lors, que le rayon d'action fût de 400 kilomètres aller et retour ou de 4.000, la différence était sans intérêt.

Comme troupes de couverture et de choc, l'Allemagne entretenait dans l'Alsace-Lorraine 3 corps d'armée, 15e, 16e et 21e corps, en état de mobilisation permanente. Il s'y joignait des divisions de cavalerie et des unités d'infanterie et d'artillerie détachées d'autres corps d'armée. Bref, 135.000 soldats allemands campaient sur le territoire annexé.

Ces 135.000 hommes se répartissaient en groupes inégaux sur un arc de cercle dont les 140 kilomètres Arlon-Bâle traçaient la corde. Une part notable de cet effectif était réclamée par les forteresses de la Moselle et du Rhin pour garnisons de sûreté. En définitive, l'état-major français savait que 75.000 Allemands étaient prêts à converger par surprise sur Nancy à l'heure télégraphiée par le Kaiser. C'est le premier geste de cette surprise, dans la nuit du 30 au 31 mai, qui ouvrit la campagne de 1916.

L'Europe apprit bientôt le nom du général en chef de l'armée d'attaque. C'était le maréchal Mollendorf.

Pour couvrir Nancy, le généralissime français, général Jourdan, ne disposait que du 20e corps d'armée, général Gudin, de la division de cavalerie de Lunéville, général Curély, et de quelques renforts empruntés aux 6e et 21e corps: au total 40.000 combattants[1]. A première vue, l'infériorité numérique semblait désastreuse. Heureusement, cette infériorité était compensée par les fortifications élevées ou préparées autour de Nancy, par la qualité des troupes françaises, notamment par la 11e division, la division de fer, enfin par la coopération de l'aviation, de la cinquième arme.

[1] Le récit de 1916 suppose réalisée une création dont le projet remonte à 1913 : le 21e corps d'armée, quartier général Épinal.

II

Bataille de Nancy. — Rôle des avions monoplaces.

La ville de Nancy est assise sur les bords de la Meurthe, affluent de la Moselle. Parallèlement et à 18 kilomètres, la frontière de 1871 est tracée le long de la Seille, autre affluent qui conflue à Metz. Entre la Meurthe et la Seille se dessinent deux arcs concentriques de collines. On les appelle le Petit et le Grand Couronné de Nancy.

Après de longues années d'indécision, le gouvernement français avait enfin résolu de mettre le 20e corps en mesure de protéger Nancy. Sur le Petit Couronné avait été organisé un demi-cercle de redoutes. Dans les intervalles, des batteries avaient été armées de pièces de place. On avait étudié le tracé de tranchées et la mise en défense des villages et des bois. L'ensemble ne réalisait pas une place de guerre comparable à Metz ou à Verdun. Toutefois, combinées avec des troupes d'élite, les redoutes de Nancy étaient de puissants atouts dans la bataille [1].

Inscrits ou non sur les situations du 20e corps d'armée, les 40.000 Français appelés à protéger Nancy furent placés sous le commandement du général Gudin. A Nancy même, le chef du 20e corps disposait en

[1] L'organisation supposée ici pour la position de Nancy relève malheureusement pour une trop forte part du domaine de la fiction, base de la campagne hypothétique de 1916. Pourtant, ce problème est l'un des plus urgents qui s'imposent à la responsabilité des pouvoirs publics.

La question de Nancy a provoqué de nombreuses études dans les milieux compétents. Son importance et ses difficultés figurent parmi les patriotiques soucis qui ont abrégé la vie du général de Miribel.

permanence de son escadrille d'exploration. Ici, ce service ne pouvait embrasser un grand rayon. C'était essentiellement la reconnaissance du champ de bataille et de ses abords, l'observation tactique par opposition aux raids lointains que réclame la stratégie.

Quant aux 2 cohortes de la légion mises à sa disposition, le généralissime les plaça lui-même sous les ordres du général Gudin. Dans l'incertitude du point d'attaque des Allemands, les deux cohortes avaient été d'abord maintenues au camp de Mailly. Aussitôt après l'agression du 30 mai, elles furent dirigées sur Nancy. Les avions empruntèrent la voie des airs avec leurs pilotes. Transporté à l'aide de la traction automobile, le reste du matériel et du personnel s'engagea sur les routes à la quatrième vitesse. Tout le convoi était rendu à Nancy dans la nuit du 1er au 2 juin.

La partie du territoire lorrain annexée à l'Allemagne en 1871 est recouverte par les mailles inégalement serrées d'un double réseau : les chemins de fer et les routes. Sur les voies redoublées et entrecroisées du railway s'échelonnaient une centaine de quais militaires, en vue de faciliter la concentration et le débarquement des corps d'armée transportés du fond du Hanovre ou du Brandebourg.

Le système stratégique des voies ferrées de la Lorraine rapprochait entre eux les quartiers généraux du 15e corps d'armée (Strasbourg), du 16e (Metz) et du 21e corps (Sarrebruck). Quant au réseau routier qui lui était superposé, il comptait entre Sarrebourg et Metz une quinzaine de routes convergeant sur Nancy.

Sur six de ces routes, le 31 mai à 5 heures du matin, les officiers de l'escadrille d'exploration du 20e corps français repérèrent la marche de six colonnes. Pour chacune, la force variait entre 2.000 et 5.000 soldats

d'infanterie, avec de l'artillerie et de la cavalerie.
L'effectif total atteignait 25.000 hommes. C'était le
premier échelon de l'armée d'attaque commandée par
le maréchal Mollendorf.

En arrière, les officiers observateurs discernèrent
un mouvement intensif de trains et des débarque-
ments sur les quais militaires.

Les six colonnes du premier échelon achevaient une
marche de nuit. Déjà, leurs avant-gardes avaient
attaqué les avant-postes français, qui se repliaient
sur Nancy. A 10 heures du matin, les colonnes allemandes étaient déployées. Sur le Grand Couronné,
elles occupaient le Mont d'Amance en commandant
de 50 mètres le Petit Couronné, front de bataille du
20e corps.

C'est alors que se manifesta le prix de la prévoyance
qui, bien qu'un peu tardivement, avait orienté le gouvernement français vers l'organisation défensive de
Nancy.

Du Pain de Sucre et du plateau de Malzéville, les
canons Rimailho foudroyaient le Mont d'Amance.
Malgré le commandement topographique de cette dernière position, l'artillerie de campagne des Prussiens
ne put jamais s'y installer en batterie. Ses tentatives
n'aboutirent qu'à faire démonter une vingtaine de
pièces.

Pendant les deux journées du 31 mai et du 1er juin,
le 20e corps resta sur la défensive, défensive agres-
sive et coupée de contre-attaques partielles qui arrê-
taient net les assauts de l'ennemi.

Le tir de l'artillerie française était facilité par des
avions monoplaces spécialement attachés à son service et indépendants des unités régulières de l'aéroflotte.

La cavalerie du général Curély se servait d'avions
analogues pour compléter ses vedettes et ses recon-

naissances. Le service de santé lui-même disposait de quelques échantillons, grâce auxquels des médecins dévoués allaient dénicher et panser les blessés tombés dans les broussailles.

Quant à l'aéroflotte, elle ne fut représentée pendant les deux premiers jours de bataille que par l'escadrille d'exploration du 20e corps. Celle-ci, il est vrai, se multipliait. Le général Gudin édifia un plan de contre-attaque générale sur ses révélations. Il n'attendait, pour en commencer l'exécution, que l'arrivée des deux cohortes de la légion avec leur 8 escadrilles.

Enfin, le 2 juin, 96 avions de combat entrèrent en scène sur le champ de bataille de Nancy et ses abords.

Dans son esprit, le général Gudin résumait ainsi le plan qu'il avait conçu: pivoter avec son aile droite autour de sa gauche solidement enracinée au Pain de Sucre, ramasser les forces ennemies enfournées entre la Seille et la Meurthe en les séparant de leurs soutiens et les jeter dans la Moselle. Au succès de ce plan la coopération de la cinquième arme allait puissamment contribuer.

III

L'aviation aux abords du champ de bataille. Interception des renforts ennemis.

L'objet de ce rapport étant limité au rôle de l'aéronautique, je ne rééditerai pas, Monsieur le Président, tous les épisodes de la glorieuse journée du 2 juin 1916. Je rappellerai seulement que, dans la matinée, de puissantes colonnes se succédaient sur les routes de la Lorraine annexée pour renforcer l'échelon d'attaque et que les trains militaires déversaient encore sans interruption d'autres renforts.

Par la route de Sarreguemines, une division complète du 21e corps allemand, celle du général Muffling, progressait dans l'ordre normal de marche avec ses 12 bataillons, l'artillerie intercalée derrière le bataillon de tête. A Nancy, la 1re cohorte avait reçu l'ordre d'équiper ses 4 escadrilles en bombardier à raison de 50 bombes par avion de combat. La 1re escadrille prit l'atmosphère et vola à la rencontre de la division Muffling.

En plus de ses 50 bombes, chacun des 12 avions emportait un stock de 10.000 flèches modèle Ader. C'était une cataracte de 600 bombes et de 120.000 flèches dont l'aérocapitaine se proposait d'arroser la colonne ennemie.

Précédée par une pointe de cavalerie, la colonne, comme un serpent de 8 kilomètres, déroulait ses anneaux à travers les côtes et les vallons de la campagne lorraine. Tout à coup, de la pointe de cavalerie, une estafette arrive à bride abattue auprès du général Muffling.

Dès les premiers mots, le général lève les yeux. Dans les airs et rebroussant sa propre direction, il aperçoit les avions de l'escadrille française en ligne de file à grands intervalles.

Un instant après, une bombe tombe du ciel et fait explosion à hauteur de la tête de colonne, mais à 100 mètres à droite, en dégageant une épaisse fumée. Autre explosion plus loin de la tête, mais à 50 mètres à gauche de la route. Une troisième bombe tombe sur la route même et éclate dans les files de queue du premier bataillon de la colonne. Visiblement, l'avion bombardier a réglé son tir.

Pendant ce temps, des sections d'infanterie ont déboîté de la colonne. Elles font feu sur l'escadrille française avec la hausse de 2.000 mètres. Les balles ont-elles atteint mortellement un aéroplane ou son pilote? Le combattant passager a-t-il été blessé aussi?

Toujours est-il que l'esquif aérien fait naufrage. Il s'écrase sur le sol avec son équipage et les 50 bombes de sa Sainte-Barbe. Celles-ci font explosion dans le choc et leurs éclats vont atteindre plusieurs hommes de la division prussienne.

Après ce sévère avertissement, l'escadrille bondit dans les airs hors de la portée du fusil. Puis la ligne de file se prolonge au-dessus des 8 kilomètres de la colonne ennemie, versant simultanément la grêle de ses bombes et la pluie serrée de ses flèches. Quand le premier avion a épuisé ses munitions, il retourne au parc pour s'approvisionner et reprend ensuite la queue de la file. Un avion de rechange remplace également dans l'escadrille celui qui vient de tomber sous la fusillade. Le bombardement aérien se poursuit sans interruption.

En bas, l'affolement se propage dans les rangs de l'infanterie et surtout parmi les attelages de l'artillerie. Eventrés par les éclats des bombes, transpercés par les flèches d'acier, les chevaux tombent ou s'emportent. Canons et caissons basculent en travers de la route.

L'escadrille française s'est attachée comme une tunique de Nessus à la division Muffling. En vain celle-ci a-t-elle déboîté à droite et à gauche de la route de Sarreguemines. Elle jonche le sol de ses cadavres. Pour se soustraire au bombardement, les survivants se dispersent dans les fermes, les villages et les bois. La division prussienne est tombée en dissolution.

D'autres renforts encore furent dispersés ou retenus loin du front d'attaque.

C'étaient ceux que les trains militaires amenaient sur la ligne Strasbourg-Metz, entre les deux gares-embranchements de Bénestroff et de Courcelles. Entre ces deux points, la section de ligne mesure 40 kilomètres. L'aérocolonel Weinart, commandant la 1re cohorte, avait assigné la section comme objectif à sa 2e escadrille.

Pendant toute la matinée du 2 juin, l'escadrille française fit la navette entre Bénestroff et Courcelles, sans préjudice des pointes poussées sur les embranchements. Dès 11 heures, la ligne était devenue impraticable. Une dizaine de wagons avaient fait explosion. Ils couvraient le ballast de leur ferraille, mêlée à des débris humains. Des locomotives avaient déraillé et gisaient en travers de la voie.

Au milieu du désarroi, des trains intacts s'étaient succédé à toute vapeur et s'étaient télescopés, au grand dommage de leurs voyageurs. Les bataillons allemands entreprirent de débarquer et de se reformer en dehors de la voie. Ils se virent alors assaillis par la pluie des flèches Ader et durent chercher leur salut dans la dispersion.

Sur l'ordre du général Gudin, l'aérocolonel Weinart suspendit les opérations aériennes et rappela les deux premières escadrilles au parc. Il releva ou remplaça le personnel, le matériel et les munitions. Pour le ravitaillement, l'aérocolonel fut autorisé à puiser dans les caissons de la 2e cohorte, aérocolonel Dupérier. A midi, les 2 escadrilles de la 1re cohorte, qui avaient si brillamment tenu le rôle de bombardier, étaient prêtes à le jouer de nouveau.

Quant à la 2e cohorte, l'aérocolonel Dupérier l'avait organisée en deux échelons de 2 escadrilles. Dans chaque échelon, l'une des escadrilles était équipée en mitrailleur avec ses 4 pièces, l'autre en fusilier avec quelques outils pour fortifier sommairement un point d'appui.

IV

La cinquième arme en liaison avec la cavalerie, l'infanterie et l'artillerie.

Dans la matinée du 2 juin, les exploits des 2 escadrilles de la 1re cohorte s'étaient déroulés loin de la scène principale, derrière la toile de fond. Les échos s'en étaient répercutés sur le front, impressionnant en sens contraire les acteurs des premiers plans. Toutefois, l'interception partielle des renforts allemands ne pouvait exercer sur la bataille de Nancy une action décisive.

Réduits et affaiblis par quarante-huit heures de lutte, les Français avaient encore en tête plus de 45.000 ennemis. Le succès de la conversion projetée par le général Gudin était problématique.

Dans la même matinée du 2 juin, un risque particulier avait été signalé sur la droite de la ligne française. C'était la présence d'une division allemande de cavalerie derrière la forêt de Champenoux. De l'ensemble des renseignements fournis par l'escadrille d'exploration, par les patrouilles de la cavalerie française et ses avions monoplaces, le général Gudin déduisit la notion exacte du danger.

La division allemande était celle du général Seydlitz. Elle masquait derrière la forêt ses 3.000 cavaliers avec ses batteries volantes et ses mitrailleuses. Massés en formation préparatoire, les escadrons n'attendaient qu'un signal pour déboucher par Champenoux, se déployer et charger sur son flanc droit toute contre-attaque française.

Le général Gudin résolut d'écraser le danger dans l'œuf. Il destina à ce rôle la 3e escadrille de la cohorte

Weinart. En même temps, la cavalerie française du général Curély se tint prête à exploiter le désordre de son antagoniste.

Dans sa formation compacte, la division Seydlitz semblait un dispositif préparé pour permettre aux bombardiers français de vérifier leurs expériences de polygone sur le problème de l'aérocible. La vérification commença à 6 heures du matin; elle fut rapide et concluante.

Sur les colonnes d'escadron soudées entre elles ou séparées par des espaces insignifiants, aucune bombe n'était perdue. Quant aux 120.000 flèches Ader, l'escadrille française en avait 40 pour chacun des cavaliers ennemis ou sa monture. D'instinct, les Allemands se dispersèrent dans toutes les directions.

En même temps, la division Curély contournait la forêt de Champenoux et raflait les fuyards. L'action combinée de l'escadrille et de la cavalerie française ne consomma pas une heure de temps. A 7 heures du matin, la division Seydlitz n'existait plus. Son artillerie et ses mitrailleuses étaient tombées aux mains des Français. C'est à peine si le général allemand put rallier quelques centaines de cavaliers rejetés loin du front.

Dans le concert de la bataille, la cinquième arme s'était montrée une brillante accompagnatrice de la cavalerie. Elle n'allait pas tarder à soutenir l'infanterie, à doubler ou suppléer l'artillerie.

Déçu dans ses combinaisons par la déroute de sa cavalerie, le maréchal Mollendorf résolut d'essayer d'une autre tactique. Dans le vallon de l'Amezule, qui sépare Amance du Pain de Sucre, le général allemand prépara une attaque de front contre les positions françaises. Cachée par le terrain, une ligne de tirailleurs était parvenue à courte portée des tranchées du 20ᵉ corps. D'un bond, ses fantassins pouvaient se jeter dans les tranchées et écraser les défenseurs sous le nombre.

Contre ce coup droit, heureusement, le général Gudin avait préparé la parade et la riposte. Derrière le point le plus menacé se tenait un régiment, colonel en tête, drapeau déployé. Bientôt apparurent, volant en ligne de front, les avions de la 4e escadrille de la cohorte Weinart.

Le jeu des bombes et des flèches recommença au-dessus du vallon de l'Amezule. Surpris et terrifiés, les fantassins allemands quittent leurs abris impuissants, se pelotonnent en désordre et prennent la fuite.

Sans perdre un instant, le colonel français fait battre la charge. Le régiment s'élance à la baïonnette et dépasse les tranchées en entraînant leurs défenseurs en avant. Le mouvement de contre-attaque se communique à toute la ligne. La furia française franchit l'Amezule et ne s'arrête qu'au pied du Mont d'Amance. Il était 1 heure de l'après-midi ou 13 heures.

Obligé maintenant de se défendre, le maréchal Mollendorf prend hâtivement position sur la berge Nord du vallon de l'Amezule. Le général Gudin résolut de poursuivre son succès. Il fit appel aux deux premières escadrilles de la cohorte Weinart, qui venaient de se réorganiser après leurs exploits de la matinée.

Pour atteindre la position allemande, l'infanterie française avait à traverser une zone balayée par les feux des fusils, des mitrailleuses et des canons. Les tireurs ennemis s'étaient abrités dans des ébauches de tranchées.

Quant à l'artillerie, elle se défilait derrière la crête et ne révélait sa présence que par l'imprécise lueur des coups de canon. Les servants étaient, de plus, protégés par des boucliers d'acier durci, contre lesquels les balles françaises rebondissaient comme le grésil sur une vitre. Dans ces conditions, les canonniers

conservaient tout leur sang-froid et les canons toute
leur puissance meurtrière.

Mais voici que la 1re escadrille réorganisée commence un tir vertical de bombes et de flèches. Dès lors,
la protection des boucliers devient illusoire et les artilleurs prussiens sentent leur beau sang-froid les abandonner. Les caissons les mieux abrités sautent sous
les bombes aériennes. Le feu des batteries allemandes
devient irrégulier.

L'attaque française reprend son élan. Notre chaîne
de tirailleurs progresse par bonds avec l'appui de
notre artillerie. Nos schrapnells volent par-dessus la
chaîne pour éclater au-dessus des tranchées ennemies. Terrifiés, les défenseurs se plaquent contre les
talus et n'osent pas lever la tête pour faire feu. Les
plus braves visent trop haut et tirent dans le bleu.

Le flot de l'attaque déferle à 300 mètres de la position allemande. A ce moment, l'artillerie française relève ses trajectoires pour ne pas atteindre sa propre
infanterie. Dans les tranchées, les défenseurs redressent la tête et recommencent le tir meurtrier des fusils
et des mitrailleuses. La marche de l'attaque est de nouveau suspendue.

Alors la cinquième arme entre en scène encore une
fois. La 2e escadrille passe et repasse en ligne de file
au-dessus des tranchées. Elle y verse la pluie verticale de ses bombes et de ses flèches sans aucun risque
pour les assaillants. Les Prussiens se replient en désordre sur une nouvelle ligne de résistance.

V

La cavalerie de l'air sur le champ de bataille.

La montre du général Gudin marquait 15 heures, autrement dit 3 heures du soir. La ténacité germanique voilait d'inquiétude l'allégresse du général.

En dépit du désordre semé le matin sur les derrières de l'armée allemande, celle-ci continuait à recevoir des renforts. Encouragé par ces troupes fraîches, le maréchal Mollendorf n'allait-il pas reprendre l'offensive et repousser jusque dans les rues de Nancy les Français épuisés? Aux yeux du général Gudin, il importait d'obtenir une victoire immédiate et décisive.

Dans sa perplexité, l'éminent tacticien songe à la cavalerie pour lui demander deux services de sa spécialité:

En premier lieu, surprendre l'ennemi par une attaque à revers comme celle des 25 guides du lieutenant Hercule, qui détermina la victoire d'Arcole, le 17 novembre 1796. Compléter ensuite le succès par la poursuite, gagner de vitesse les fuyards sur leurs lignes de retraite, à l'exemple de Murat après Iéna, en 1806.

Le 2 juin 1914, malheureusement, les escadrons du général Curély ne pouvaient espérer percer le front encore formidable des positions ennemies. N'importe! Le général en chef ne renonce pas à son inspiration. A défaut de la cavalerie ordinaire, il fait appel à la cavalerie de l'air.

Précisément, la cohorte Dupérier attendait, impatiente de combattre. Avec ses 4 escadrilles intactes, c'était l'idéal de ces troupes fraîches qui ont si souvent fixé le sort des batailles. Ses deux échelons représentaient chacun une batterie de 4 mitrailleuses avec son soutien. A la tête du premier, l'aérocolonel Dupérier plaça l'aérocommandant Bévété. Il se réserva personnellement le commandement direct du second échelon.

Après l'assaut des Français, le maréchal Mollendorf avait repris position sur les contreforts du Mont d'Amance. Sa gauche s'appuyait à la Seille. En amont, tous les ponts de la rivière avaient été coupés, les gués obstrués. De ce côté, le sentiment de sécurité des Allemands était complet.

Tout à coup, ils reçoivent dans le dos une grêle de balles. Les projectiles partaient de 4 mitrailleuses en batterie dans le bois de Han. C'était l'échelon du commandant Bévété qui venait de se transporter par la voie des airs et de se protéger par les replis de la Seille.

Démontée par cette surprise survenant après l'ébranlement des défaites précédentes, la gauche allemande se disperse aux cris de « Sauve qui peut! ». Le maréchal Mollendorf voit toute son armée prête à tomber en dissolution. Il ordonne la retraite sur Metz par la route de Nomény. Les canons et les caissons attelés se forment en colonne, tandis que, redoublant son feu, l'infanterie livre un violent combat d'arrière-garde.

Près du moulin d'Arraye, la route est resserrée entre le cours de la Seille et des collines boisées. Là s'étrangle un véritable défilé des Thermopyles. Gudin avait ajusté ses plans au défilé. Sur un ordre, l'aérocolonel Dupérier y conduit le second échelon de sa cohorte.

Cependant, les généraux Gudin et Curély, avec leurs états-majors, observaient ensemble les péripéties de l'action. A 16 h. 30, ou 4 h. 1/2 du soir, un avion monoplace de la cavalerie descend en vol plané près du groupe. L'officier annonce que les 4 mitrailleuses sont en batterie, battant d'enfilade les Thermopyles d'Arraye.

Alors, dédaignant les précautions mesquines, le général Curély lance ses escadrons à la charge. Quelques-uns sont arrêtés par les feux de l'arrière-garde allemande. Le plus grand nombre passe et atteint en queue la colonne en retraite sur la route de Metz.

Mais voici que la tête reflue à son tour sous le feu des mitrailleuses de Dupérier. Les attelages de l'artillerie sont tués. Canons et caissons s'enchevêtrent sur la route. Le désordre arrive à son comble; les liens tactiques sont rompus.

En même temps, la ligne de bataille du général Gudin achève sa conversion vers la Moselle, balayant les restes épars de l'armée ennemie. Des bataillons entiers mettent bas les armes. C'est à peine si quelques compagnies parviennent à se rallier sous le canon de Metz.

Dans la lutte acharnée qu'elle avait soutenue pendant trois jours, l'armée française avait subi des pertes cruelles. La cinquième arme avait pris une part décisive à la victoire, mais elle achetait chèrement son succès. Elle avait mis en ligne 137 avions de modèles variés.

Presque tous avaient été atteints par les balles des fusils ou des schrapnells, mais ces atteintes se manifestaient pour la plupart par de simples trous dans les surfaces portantes. Toutefois, 2 officiers, 3 pilotes et 8 combattants furent blessés à leur bord, plusieurs mortellement.

41 avions avaient été atteints dans leurs œuvres vives ou pris dans les remous de la bataille et précipités à terre avec leurs équipages. De ce chef, le bilan funèbre s'était grossi de 85 morts, dont 38 pilotes et 9 officiers. La récapitulation des pertes de la cin-

quième arme accusait 98 victimes sur un total de 10.000 hommes hors de combat dans l'armée française. Quant aux Allemands, ils payaient par 17.000 officiers et soldats tués ou blessés et par 22.000 prisonniers, pris les armes à la main, leur attaque brusquée sur Nancy.

Grâce à la dotation largement calculée de l'aviation française en matériel et en personnel, celle-ci était assez riche pour payer sa gloire et continuer sa mission. Pour elle, la bataille de Nancy a été une consécration comme autrefois Valmy et Jemmapes pour les jeunes armées de la République.

CHAPITRE IV

L'AÉROFLOTTE DANS LA GUERRE DE MASSES

ET LES

GRANDES COMBINAISONS STRATÉGIQUES

I. La guerre de masses. — II. Passage du Rhin. Délivrance de l'Alsace-Lorraine. — III. Pluie de proclamations. — IV. L'aéroflotte dans les Alpes. — V. Débarquement en Allemagne. La Bellone nouvelle : combinaison des forces de terre, de mer et de l'air. — VI. Bilan sommaire de l'aéronautique.

I

La guerre de masses.

Qu'elle eût opéré comme armée de l'air sous le commandement autonome de l'aéramiral Rozier, ou en qualité de cinquième arme aux ordres du général Gudin, l'aéroflotte avait gravement endommagé le savant agencement des voies, des gares et des quais sur le réseau ferré de l'Alsace-Lorraine. De ce chef, les plans de l'état-major prussien durent subir des modifications défavorables.

Au lieu de se concentrer sur la base Sarrebourg-Metz, le groupe occidental des armées allemandes fut obligé d'adopter un front plus reculé dans l'intérieur de l'Empire. Pour ce groupe, la période préliminaire ne prit fin que le 15 juin, au lieu de la date du 8 juin, primitivement décrétée.

Dans le camp français, au contraire, les régiments

avaient effectué avec une sécurité complète leur mobilisation et leur concentration. Aucune perturbation
n'était venue fausser les calculs de l'état-major. Con-
formément aux prévisions, le généralissime était en
mesure de soutenir la guerre de masses dès le 8 juin.
Sans perdre un jour, le général Jourdan prit l'offensive sur toute la ligne.

Les supériorités diverses complaisamment escomp-
tées par les stratèges germains étaient passées à leurs
adversaires : initiative des opérations, avance maté-
rielle et ascendant moral. Le rêve d'une France écrasée avant l'intervention de la Russie s'embrumait dans
le recul des sept jours perdus entre le 8 et le 15 juin.
De là, une cause latente d'inquiétude pour les officiers
et de démoralisation parmi les soldats. Au contraire,
la confiance et l'enthousiasme étaient relevés d'autant chez les Gaulois.

Combattant en leur faveur, une déesse descendait
des nuées comme dans l'Iliade.

Par les yeux de l'aéroflotte, les généraux français
lisaient à terrain ouvert la pensée de l'adversaire,
tandis que celui-ci, réduit aux sources anciennes d'information, tâtonnait comme un aveugle.

Si bien défilées que fussent les batteries allemandes,
les avions les dénonçaient, les repéraient et facili-
taient leur anéantissement par l'artillerie. Le canon
français se trouvait-il en défaut, les bombardiers
aériens savaient le suppléer.

En vain l'artillerie du Kaiser avait-elle introduit
dans ses équipages des obusiers de 21 centimètres
avec des canons portant à 10 et 14 kilomètres, soit
trois fois plus loin que les pièces françaises de campagne. Outre l'écrasement des fortifications et des
points d'appui, ces colosses avaient pour mission
d'anéantir à distance les batteries adverses sans risques pour eux-mêmes, à l'exemple des Krupp de 1870.

Inutiles artifices! C'était un jeu pour les aviateurs de débusquer et faire taire les tonnerres prussiens.

Dans le combat et la poursuite, les escadrilles de mitrailleurs savaient, comme le 2 juin à Nancy, faire sentir leur intervention décisive. Encore ne puis-je parler que pour mémoire des raids aériens sur les derrières de l'adversaire, de ses magasins incendiés, de ses chemins de fer coupés par des pionniers tombés du ciel. Quant à l'énumération chronologique de tous ces épisodes, j'y renonce, car ils se confondent avec la contexture même de la campagne de 1916.

De même, pour ne pas surcharger ce rapport, je me contenterai de noter sommairement les services de l'aviation dans le passage des fleuves et le jet des proclamations, son rôle dans les Alpes, enfin l'entrée de l'aéroflotte dans la combinaison des forces de terre et de mer à l'occasion des opérations sur le littoral germanique.

II

Passage du Rhin. — Délivrance de l'Alsace-Lorraine.

Pour les fleuves, il me suffira de rappeler les bombardiers aériens réduisant au silence l'artillerie de la rive ennemie, les escadrilles survolant les courants les plus impétueux et les berges les plus inabordables, transportant par la voie des airs des avant-gardes pour protéger le lancement des ponts militaires.

C'est par ces moyens que le général Jourdan surprit le passage du Rhin le 29 juin. La surprise fut d'autant plus complète que le point choisi pour le passage ne possédait aucune des conditions proclamées autrefois indispensables au succès.

Le fleuve coulait entre des rives encaissées. Son cours était rectiligne; il n'offrait aucune de ces anses,

7

concaves vers l'ennemi, pour faciliter la convergence
des feux de l'artillerie amie. Réduite aux ressources traditionnelles, l'opération eût infailliblement
échoué. Pourtant, grâce à l'aviation, l'armée française triompha presque sans effort de la double hos-
tilité des hommes et de la nature.

La date du 29 juin 1916 et le passage du Rhin con-
sacrèrent la délivrance de l'Alsace-Lorraine. Trois ans
auparavant, les Allemands avaient célébré bruyam-
ment le centenaire de la campagne de 1813, celle de
Leipzig. C'était pour eux la guerre de la libération :
Befreiungskrieg. Les évocations provocantes auxquelles le centenaire servit de prétexte contribuèrent à
la tension des rapports franco-allemands et à la rupture finale.

Si les Prussiens avaient gémi en 1813 sous le joug
de Napoléon, un siècle plus tard le sort des annexés
de l'Alsace-Lorraine n'était guère plus enviable. Aux
Wackes de Saverne un instinct prophétique montrait
dans l'aviation l'instrument de leur délivrance.

Quatre ans avant la guerre, au salon de 1912, le
peintre Albert Bettannier montrait un groupe pittoresque d'Alsaciens saluant *l'oiseau de France,* Fran-
zésch Voïl, dans le savoureux dialecte de l'Oncle
Hansi. En 1916, quand la croisière de l'aéramiral Rozier commença à tisser sa toile, tous les habitants de
la terre conquise purent applaudir au vol des messa-
gers d'affranchissement.

III

Pluie de proclamations.

Ce ne sont pas seulement des bombes et des flèches
Ader qui pleuvaient du ciel sillonné. Les 600 avions

qui, à un titre quelconque, survolèrent le Reichsland et l'Allemagne du Sud emportaient deux modèles de proclamations d'un style bien différent. Une d'elles avait été rédigée à l'adresse des Alsaciens-Lorrains.

A Paris, un des premiers actes du conseil supérieur de défense avait été de décréter l'abrogation du traité de Francfort. Les anciens départements du Haut-Rhin, du Bas-Rhin et de la Moselle étaient reconstitués dans leurs limites de 1870 et réunis à la République Française. En prenant cette initiative, le gouvernement s'était inspiré d'un précédent : l'Italie décrétant en 1911 l'annexion de la Tripolitaine et ouvrant par cet acte les hostilités contre la Turquie.

En 1916, la reconstitution des départements de l'Alsace et de la Lorraine rendit aux habitants la qualité de citoyens français. D'ailleurs, le décret proclama formellement le droit des populations à se prononcer sur leur sort après la guerre. Le même décret sommait les autorités allemandes de reconnaître l'émancipation des Alsaciens-Lorrains. Il interdisait, sous menace de représailles, toute exécution contraire au droit des gens.

La menace s'imposait à la réflexion depuis que la bataille de Nancy avait livré aux Français 30.000 ôtages, dont près de 1.000 officiers appartenant à l'aristocratie. D'ailleurs, l'offensive victorieuse du général Jourdan n'allait pas tarder à conduire ses bataillons sur le sol mal unifié des Etats allemands.

A travers les départements reconquis de la Moselle et du Rhin, l'aéramiral Rozier avait tracé une base secondaire d'opérations pour l'aéroflotte. A partir de cette base, la croisière bondit de 200 kilomètres, éclairant les avant-gardes sur les territoires des Royaumes de Bavière et du Wurttemberg, des Grands-Duchés de Bade et de Hesse-Darmstadt.

Dans cette nouvelle zone, les avions de la légion

rééditèrent la tactique de destructions militaires qu'ils venaient de pratiquer si brillamment aux abords de Metz et de Strasbourg. Ils y mirent toutefois moins de ménagements.

Ici, les avions bombardiers ne se bornaient plus à arroser copieusement les hangars des Zeppelin et les gares stratégiques. Pour plus d'efficacité, la cataracte des bombes débordait sur les quartiers populeux. En même temps pleuvaient des proclamations appropriées à la circonstance.

Dans un allemand très littéraire, les sujets des rois et des grands-ducs lisaient les regrets de la République Française pour des procédés si contraires à ses principes humanitaires. Les populations, ajoutait-on, avaient à leur portée le moyen de voir la fin de leurs maux. C'était de déterminer leurs princes à ne pas les sacrifier plus longtemps au Moloch prussien.

Toute la proclamation mêlait ainsi la persuasion et la menace pour exploiter le particularisme du Sud et détacher ses dynasties de la cause des Hohenzollern, « désormais et à jamais perdue ».

Déjà c'est par un dosage semblable que la diplomatie française avait commencé à préparer la défection de l'Italie. De ce côté, la diplomatie fut appuyée par les démonstrations des cuirassés de la Triple Entente sur les côtes, des 14e et 15e corps d'armée français sur la frontière des Alpes. Dans les montagnes, l'aviation a aussi joué sa partie.

IV

L'aéroflotte dans les Alpes.

Le ministère de l'aéronautique avait organisé une division de l'aéroflotte au camp de Chambaran, entre Lyon et Grenoble. En faisant appel aux ressources disséminées dans le ressort du groupe de Lyon, le ministère constitua à Chambaran les deux branches de l'organisation nouvelle, c'est-à-dire la flottille et la légion. Cette dernière était représentée par 2 cohortes complètes à 4 escadrilles chacune. Dans des vols de montagne, les pilotes s'étaient inspirés des performances légendaires des Chavez et des Bider [1].

De longue date, le Royaume d'Italie et la République Française avaient organisé la défense de leurs marches respectives de part et d'autre de l'arête des Alpes. Sur l'un et l'autre versant, à côté des fortifications évoluaient les troupes alpines.

En France, le type du genre est le *groupe alpin,* composé par un bataillon de chasseurs, une batterie de montagne et un détachement du génie. En 1912, deux groupes, ayant pour noyaux les 14e et 7e bataillons, avaient été détachés au Maroc. Cependant, dans la période de tension qui a précédé la campagne de 1916, toutes ces troupes furent rappelées sur leur échiquier normal. Du Mont Blanc à la Méditerranée, l'alignement des groupes alpins se reconstitua en avant-postes des 14e et 15e corps d'armée.

---

[1] L'emploi de l'aviation dans les Alpes est une des faces les plus ardues du problème aéronautique. Les terrains d'atterrissage seront certainement plus rares qu'en plaine. Cependant, l'œil exercé des aviateurs n'aura pas de peine à les découvrir sur les hauts plateaux ou dans la zone des cols. Tous les touristes connaissent la gradation des cols alpins.

Tel de ces passages projette sur le bleu du ciel une arête vive dessinée en arc de cercle, mais ce modèle est rare. Le plus souvent, l'arête s'est émoussée; les débris se sont accumulés dans le creux de l'arc; un gazonnement naturel les a consolidés. Alors, le col apparaît sous sa figure théorique : une surface gauche en forme de selle. Parfois même, l'arête elle-même s'affaisse et s'évanouit en larges plateaux comme au Mont Cenis ou au Mont Genèvre.

Dans ces conditions, l'atterrissage en montagne obligera les pilotes à attaquer le terrain suivant des angles soigneusement étudiés. Le problème opposera ses difficultés propres, mais il ne sera pas insoluble.

Serrant au plus près l'arête magistrale et la frontière, circule une route merveilleuse, créée pour la satisfaction du tourisme, mais adaptée aux exigences militaires : c'est la Route des Alpes. Elle facilite les mouvements latéraux des troupes françaises et leur permet de renouveler la stratégie célèbre des *navettes* du maréchal de Berwick [1].

En 1916, cette stratégie ressuscita, grâce au général Chabert, placé à la tête de l'armée des Alpes. En faisant coulisser le long de la frontière un certain nombre de groupes alpins, le général concentra une puissante avant-garde à la tête des vallées les plus courtes et les moins fortifiées du versant italien.

Sans laisser à l'adversaire le temps de se reconnaître, l'avant-garde surprend le passage, enfonce le cordon des *Alpini* et se hâte aux débouchés sur la plaine du Piémont. Dans ce coup de vigueur, le général Chabert fut efficacement secondé par l'aéroflotte de Chambaran.

Comme dans l'Est, la croisière s'était portée en avant. Sous sa protection, les cohortes avaient pour mission la destruction de l'aéronautique ennemie et la conquête de l'air.

Les escadrilles d'exploration allaient regarder derrière les écrans montagneux. Elles dénonçaient les embuscades de la défense. Alors, sur les troupes les mieux abritées, les avions des cohortes versaient les bombes et les flèches Ader.

---

[1] Cf. Joseph PERREAU, *L'Epopée des Alpes,* 3 volumes, chez Berger-Levrault, 1912.

Dans ce tableau historique, l'auteur évoque la genèse des fortifications et des troupes alpines. Il trace et décrit la Route des Alpes. Dans les conclusions du tome III, il prévoit même les applications de l'aviation à la guerre de montagne.

Quant à la stratégie des navettes de Berwick, son développement remplit six chapitres du tome II : *Berwick, Bourcet, Napoléon, 1700-1800.*

Par la voie des airs, mitrailleurs et fusiliers atter-rissaient sur les plateaux en arrière de l'ennemi. Pro-tégés par les ravins et les falaises, ils produisaient, comme à Nancy et plus effroyablement encore, leurs effets de surprise et de démoralisation. Ils intercep-taient ou menaçaient les lignes de retraite, si rares et si vulnérables sur les théâtres montagneux.

Derrière l'avant-garde française, l'armée des Alpes rapprochait ses têtes de colonnes, prête à répéter les campagnes classiques de 1796 et de 1800. Devant elle, les oiseaux de guerre survolaient Turin, semant des bombes sur ses gares et des proclamations dans ses rues.

Terrifiés par l'apparition des Français, troublés dans leur mobilisation et leur concentration, les régi-ments italiens fourmillaient sans cohésion dans la plaine piémontaise. Pour les diplomates de la Répu-blique, l'heure psychologique avait sonné.

Le gouvernement royal fut sommé d'opter entre deux perspectives : d'une part, la neutralité avec le cadeau de Trente et de Trieste arrachés à l'Autriche; d'autre part, le bombardement maritime de Gênes et de Naples et l'invasion du Piémont. L'Italie capitula.

Dès lors, la France était libre de se tourner sans arrière-pensée contre le principal adversaire. Elle pro-fita de sa liberté pour diriger contre le littoral germa-nique une manœuvre des plus redoutées.

V

Débarquement en Allemagne. — La Bellone nouvelle : combinaison des forces de terre, de mer et de l'air.

Je ne recopierai pas ici les remarquables relations que les ministres de la marine et de la guerre ont consacrées au débarquement du groupe des armées du Nord sur les côtes de l'Allemagne. Je rappellerai seulement la maîtrise des mers conquise par les escadres de la Triple Entente et le choix par le général Berthezène, généralissime du groupe d'armées, de l'île destinée à servir de base à la descente. C'est de là que la Bellone nouvelle s'est élancée en combinant, pour la première fois dans l'histoire, les forces de terre, de mer et de l'air. La dernière catégorie rentre seule dans le cadre de mon rapport.

Quand, de concert avec ses alliés, le gouvernement français eut décidé l'expédition du Nord, le ministère de l'aéronautique y affecta une nouvelle division de l'aéroflotte, analogue à celle qui venait de manœuvrer dans les Alpes. L'aéramiral Rozier fut chargé d'organiser et de commander cette force aérienne. Il y consacra les unités rendues disponibles par la neutralité de l'Italie et par l'anéantissement de l'aéronautique dans l'Allemagne du Sud. Comme dans les Alpes, la division du Nord comprenait, à côté des éléments de la flottille, 2 cohortes complètes relevant de la légion.

J'exposerai successivement les opérations de l'aéroflotte antérieures au débarquement de l'avant-garde, sa coopération au débarquement, enfin ses services après la constitution du groupe d'armées du Nord.

Partant de l'île, base générale des opérations, et survolant le bras de mer qui la sépare du littoral allemand, la croisière aérienne apparut plusieurs jours avant que la marine et le corps de débarquement eussent terminé leurs préparatifs. Comme dans l'Est, l'aéroflotte engloba simultanément dans ses destructions les installations aéronautiques de l'ennemi et le réseau des voies ferrées. Par le premier article de ce programme, les bombardiers anéantirent les hangars de Kiel, Héligoland, Hambourg, Cuxhafen, Brême, Wilhelmshafen, repaires de ces Zeppelin dont les vols insolents avaient si souvent inquiété l'Angleterre.

En même temps, sur les chemins de fer de la Poméranie, du Mecklembourg, du Holstein, du Hanovre, les gares étaient incendiées, le télégraphe coupé, les voies obstruées, les ouvrages d'art mis hors de service. Fondant inopinément sur des points séparés par de larges espaces, ces vols tourmentaient l'état-major de Berlin et le maintenaient dans l'incertitude de la plage adoptée pour le débarquement. L'interception du chemin de fer et du télégraphe nuisait à la concentration des forces territoriales convoquées pour jeter l'envahisseur à la mer.

Sur la plage assignée à l'avant-garde de Berthezène, celle-ci ne rencontra qu'un cordon de postes d'observation.

Appuyé par des batteries de côte, le cordon esquissa un essai de résistance. Alors, l'aéroflotte mit à terre ses mitrailleuses et ses fusiliers. Par l'appoint de ses bombes, elle aida les canons des cuirassés à éteindre le feu des batteries.

Le débarquement de l'avant-garde fut suivi immédiatement des autres opérations tendant à la constitution du groupe d'armées du Nord. A sa tête, le général Berthezène orienta vers les Monts de Bohême l'axe de sa stratégie.

Dès lors se réalisait le danger redouté de tout temps par les hommes d'Etat prussiens. Assailli simultanément sur ses marches de l'Ouest et de l'Est, l'étroit boyau de l'Allemagne Septentrionale était encore tronçonné par Berthezène. Ainsi se manifestait cette fatalité géographique, l'une des faiblesses congénitales du colosse germanique.

Dans les grands centres, à Berlin surtout, la population s'affolait. L'apparition de l'aéroflotte ne tarda pas à porter la panique à son comble.

7.

La croisière précédait de 200 kilomètres le front de marche de Berthezène. Dans la zone ainsi délimitée furent anéanties les ressources aéronautiques de Dœberitz, de Potsdam, de Johannisthal. Après ces exécutions, les escadrilles se concentrèrent au-dessus de la capitale.

Là, des faits concrets traduisirent les conceptions de tactique aérienne attribuées au général comte de Moltke, héritier d'un nom douloureux aux Français; mais ce n'étaient pas des Zeppelin qui tenaient le premier rôle et ce n'était pas Paris qui servait d'aérocible [1].

A Berlin, ce n'étaient pas non plus des torpilles de 600 ou 800 kilogrammes qui tombèrent sur le ministère de la guerre et sur les grands établissements publics, mais les avions français savaient en détailler la monnaie. En même temps, comme pour l'Allemagne du Sud, des proclamations pleuvaient sur Moabit et les autres faubourgs populeux et misérables.

Ici, ce n'était pas aux instincts séparatistes, mais à la fermentation socialiste que le vainqueur faisait appel. Le spectre de la révolution et de l'anarchie eut raison des dernières résistances : le Kaiser signa la paix aux conditions imposées par la Triple Entente

VI

Bilan sommaire de l'aéronautique.

Dans la statistique des avions mis simultanément en service par l'aéroflotte pendant la campagne, le

---

[1] Le plan du bombardement aérien de Paris a été le « clou » de la brochure publiée à Berlin : *Voyages aériens en temps de paix et en temps de guerre,* par LEBERECHT, ce pseudonyme sous lequel l'opinion publique a cru reconnaître le comte de Moltke, chef du grand état-major prussien.

total maximum s'est élevé à 900. A ce chiffre répond un effectif égal de pilotes brevetés des différentes catégories.

Les pertes subies par ce personnel technique ont été constamment réparées, grâce à l'affluence des volontaires et à la mobilisation des pilotes civils. L'effectif total des pilotes appelés sous les drapeaux s'est élevé à 2.000.

En terminant ce rapport, je ne voudrais pas être taxé d'exagération en faveur de l'aéroflotte.

Tant comme armée de l'air que comme cinquième arme, l'aéronautique française n'a pu produire de résultats qu'en qualité d'un nouvel exécutant dans le concert des forces traditionnelles de la nation : armée, marine, diplomatie, finances. Rien ne doit donc être négligé pour maintenir ces forces au niveau de leurs grands devoirs.

Il n'en est pas moins vrai que, grâce à son organisation rationnelle, c'est l'aéroflotte qui, en 1916, a été l'instrument des coups décisifs [1].

---

[1] La solidité des conceptions sur lesquelles repose la campagne fictive de 1916 a pour garanties, outre les titres personnels de l'auteur, deux plans particuliers qu'il a élaborés longtemps avant que l'aviation n'entrât dans la phase des applications militaires.

La première étude avait pour objet les opérations dans les Alpes et les moyens propres à contraindre l'Italie à la neutralité. Cette œuvre d'initiative a été conçue en dehors de toute suggestion officielle, mais elle a mérité l'approbation des juges les plus compétents. Ceux-ci étaient notamment deux membres du conseil supérieur de la Guerre, le général Pierron et l'un des chefs les mieux qualifiés pour commander l'armée des Alpes depuis Lesdiguières, Catinat, Berwick : le général Zédé.

Le second plan, opérations combinées de terre et de mer contre l'Allemagne, a été contrôlé, pour la partie maritime, par un capitaine de frégate alors professeur de tactique navale à l'École supérieure de guerre, devenu plus tard officier général dans la marine nationale.

L'hypothèse générale suppose l'Empire d'Allemagne encerclé et tronçonné par trois masses distinctes d'assaillants. Ces masses sont réparties : à l'ouest, sur la Moselle et la frontière française ; au nord, près des côtes allemandes après un débarquement ; à l'est enfin, sur la Vistule et la frontière russe.

Conception colossale, pour parler comme les Allemands, investissement de 1.000 kilomètres de diamètre.

Comment orienter la convergence pour des efforts séparés par de telles distances ? Quels moyens pour le chef suprême de former sa décision, rédiger ses instructions, communiquer son impulsion personnelle ; de pousser en avant telle des trois masses, d'arrêter telle autre ou de lui dicter une retraite opportune.

Quels moyens ?

Mais tous ceux que recèle la plus récente et la plus merveilleuse des inventions modernes, l'aéronautique.

Dans des vers souvent cités, José de Hérédia a montré apparaissant

« Au fracas des buccins qui sonnaient leur fanfare,
« Superbe, maîtrisant son cheval qui s'effare,
« Sur le ciel enflammé, l'Imperator sanglant. »

Quels transports d'enthousiasme aux avant-postes de l'Elbe ou de la Vistule, quand le généralissime apparaîtra, porté par l'aile de la Victoire et survolant l'ennemi impuissant, sur le ciel enflammé du jour de gloire enfin arrivé !

Enfin, les Français ne peuvent pas oublier que les succès des Allemands en 1870 ont été préparés par des plans élaborés et perfectionnés pendant plusieurs années successives par le général de Moltke, le premier.

QUATRIÈME PARTIE

CONCLUSIONS URGENTES

I. Programme de l'aéroflotte : 1.000 avions et 2.500 pilotes. — II. Le pays juge des moyens et responsable des résultats.

I

Programme de l'aéroflotte : 1.000 avions et 2.500 pilotes.

Le procédé d'une campagne fictive se légitime à titre de vérification d'une construction théorique. C'est l'application de la méthode mathématique du problème supposé résolu.

En dehors et au-dessus de la séduction romanesque de la forme narrative, l'intérêt positif de cet artifice de raisonnement est dans sa conclusion : 900 aéroplanes et 2.000 pilotes pour l'aéroflotte.

La prudence oblige à forcer quelque peu ces chiffres, surtout pour les pilotes. En effet, il est indispensable de constituer une réserve à un personnel menacé par tant de fatigues et de dangers.

En dernière analyse, 1.000 avions et 2.500 pilotes :

tel est le programme nécessaire et suffisant pour que la France possède sans conteste l'empire des airs.

L'effort est-il supérieur aux ressources de la France ?

Non, évidemment.

A l'occasion de l'aviation, la race française jouit, par droit de naissance, de deux privilèges qui lui confèrent, en fait, de véritables monopoles.

La première faculté est d'ordre intellectuel. C'est le don de l'invention mécanique. C'est lui qui permet d'escompter sans témérité des promesses comme l'avion de combat, par la simple continuité de la courbe prévue du progrès industriel.

L'autre qualité innée relève du moral. C'est la prouesse individuelle. La France est la terre classique des preux, depuis Roland et Bayard jusqu'aux cuirassiers de Freschwiller et — pourquoi ne pas le proclamer, puisqu'il n'y a pas risque d'alarmer des modesties vivantes — jusqu'aux martyrs dont le sang féconde le champ de l'aéronautique.

Quand un aviateur de race se révèle en Allemagne, les Allemands constatent qu'il s'appelle Stœffler ou Friedrich et qu'il est né en Alsace.

Trop souvent, malheureusement, il semble qu'une fée malfaisante se plaise à frapper de stérilité nos dons prestigieux. Nos ennemis le rappellent volontiers :

Les Français ont inventé les mitrailleuses; ce qui n'a pas empêché leurs bataillons et leurs batteries d'être écrasés en 1870 par les canons Krupp. Les premiers ils ont appliqué la vapeur et la cuirasse aux vaisseaux de bataille; ce qui n'a pas empêché leur marine de décliner.

Aussi bien, l'utilisation militaire des perfectionnements mécaniques n'est que l'une des faces d'une notion plus générale : l'application pratique, par oppo-

sition aux expériences de laboratoire. Pour les applications industrielles, il est de tradition que les inventions soient enfantées par les Français et exploitées
par leurs rivaux.

Sur le terrain économique, cette prédestination nationale de dupes est déjà regrettable. Il est inadmissi-
ble qu'elle se prolonge dans le domaine militaire; car
ici, ce n'est pas seulement la richesse du pays, c'est
son existence même qui est en jeu.

II

Le pays juge des moyens et responsable des résultats.

En France, à l'annonce des armements de l'Allemagne, des patriotes de tous les partis se sont adressés
au pays pour signaler le péril et le remède. Au mois
de juin 1913, un manifeste déclarait :

« Nous ne serons à l'abri de toute surprise que si
« nous avons sous les armes des troupes prêtes, assez
« nombreuses pour soutenir le choc, pour faire obs-
« tacle à l'invasion et pour donner, à nos réserves, le
« temps d'être appelées, encadrées, entraînées; à nos
« alliés, le temps d'agir [1]. »

On ne saurait poser avec plus de précision le problème stratégique de la mobilisation et de la concentration des armées françaises et de leur coopération
avec les autres forces de la Triple Entente. Or, à la
solution du problème l'organisation aéronautique garantit une précieuse contribution. Tel est le corollaire
qui se dégage de la campagne hypothétique de 1916.

---

[1] Affiche du *Parti Républicain Démocratique,* président Adolphe
Carnot.

La même organisation peut monopoliser entre les mains de la France une ressource inédite contre ses ennemis partiellement désarmés. C'est la France qui incarnera la Bellone nouvelle, maîtrisant à la fois la terre, la mer et les airs. Quelle est donc la condition pour la réalisation d'aussi séduisantes perspectives?

La création d'un département ministériel de l'aéronautique avec le programme de 1.000 aéroplanes.

Seule cette solution peut satisfaire les intérêts de la défense nationale, de l'industrie et des villes qui ont consenti des sacrifices pour l'aviation.

A l'occasion du salon aéronautique, ouvert le 5 décembre 1913, M. G. de Lafreté écrivait dans *L'Echo de Paris* du 7 décembre :

« J'y ai noté la présence de quantité d'aviateurs « civils et militaires. Leurs conversations et celles des « constructeurs roulaient presque toutes sur l'état « actuel de l'aéronautique française. Je dois dire « qu'ils se montrent très sévères pour ses dirigeants, « car ceux-ci ne semblent rien faire en vue de main- « tenir la suprématie de notre pays en cette matière. « Que dis-je? Ils font tout le contraire, et si n'étaient « les admirables prouesses de nos pilotes, nous de- « vrions déjà reconnaître notre infériorité vis-à-vis « de l'Allemagne, de l'Angleterre et de la Russie, car « ces nations ont fait d'énormes progrès en ce qui « concerne l'aviation militaire.

« A quoi servent donc les millions que notre Par- « lement avait votés pour l'achat d'aéroplanes? Les « constructeurs n'ont reçu que d'insignifiantes com- « mandes. On dirait qu'on essaye de les faire mourir « d'inanition. »

Dans ces conditions s'impose un appel à l'opinion publique. L'efficacité est certaine à l'approche des élections législatives, si le mouvement d'opinion est assez puissant pour obliger les candidats à réserver à l'aéronautique une place dans leurs professions de foi.

C'est de lui seul que le pays peut espérer le salut. Il ne saurait abdiquer sans péril entre les mains de coteries, déshabituées de l'initiative et hostiles par définition à toute nouveauté, ou divisées par les riva- lités de chapelles et asservies à des intérêts mesquins. En dernier ressort, c'est la France elle-même qui reste juge des moyens et responsable des résultats.

Voici, pour terminer, un épisode emprunté non plus à la guerre de demain, mais à l'actualité d'hier.

Le 9 mai 1913, à l'occasion du voyage du roi d'Es- pagne, l'aérodrome de Buc était le théâtre de la plus importante concentration aéronautique qui eût encore été rassemblée. 96 aéroplanes furent passés en revue par S. M. Alphonse XIII et M. Poincaré, président de la République. Dans les airs, 2 dirigeables partici- paient à la réunion.

En un carrousel aérien, les premiers écuyers de l'atmosphère rivalisèrent d'adresse et de témérité. Do- minant le décor des bois de Versailles et des forts du camp retranché de Paris, se projetant sur le ciel em- pourpré d'un couchant merveilleux, les aéroplanes tourbillonnaient comme une nuée d'hirondelles. La fête du 9 mai a été l'apothéose de la prouesse aérienne.

Il faut ajouter que les 6 avions de l'escadrille du camp de Sissonne atterrirent à Buc à point nommé. Volant en ligne de file, les avions arrivèrent avec la précision des pièces d'une batterie bien stylée. La réflexion est d'Alphonse XIII. Le souverain en conçut évidemment une impression favorable au nouveau facteur de la puissance militaire de la France.

Combien la démonstration eût été plus persuasive encore si l'exhibition sportive avait fait place à une manœuvre tactique!

Pourquoi, par exemple, les deux dirigeables n'auraient-ils pas figuré ces Zeppelin dont Leberecht a menacé Paris ? A cette offensive les aéroplanes auraient opposé la contre-attaque. Ce n'était qu'un jeu pour les avions de survoler les colosses et d'évoluer en se maintenant eux-mêmes hors d'atteinte.

Alors, les Parisiens auraient assisté à la défaite des Léviathan destinés à bombarder leur ville. Dès lors, confiants dans leur propre sûreté et dans l'avenir de la patrie, ils auraient salué de leurs applaudissements et de leurs prédictions l'AÉROFLOTTE, AILE DE LA VICTOIRE.

IMPRIMERIE
ALLIER FRÈRES
Grenoble
26, cours de Saint-André, 26

www.ingramcontent.com/pod-product-compliance
Lightning Source LLC
Chambersburg PA
CBHW052036270326
41931CB00012B/2512